LES SECRETS DE LA NATURE MORTE

L'artiste au travail

1/ Les secrets de la peinture à l'huile
2/ Les secrets de l'aquarelle
3/ Les secrets du paysage
4/ Les secrets du dessin
5/ Les secrets de la nature morte
6/ Les secrets du croquis

LES SECRETS DE LA NATURE MORTE

PRÉPARÉ PAR MARY SUFFUDY

ÉDITIONS
marcel broquet
Case postale 310, LaPrairie, Qué.
J5R 3Y3 — (514) 659-4819

Titre original: Still Life Painting Techniques

ISBN 0-8230-4986-8 (pbk).

pour l'édition française au Canada:

Dépôt légal — Bibliothèque nationale du Québec
3e trimestre 1988

ISBN 2-89000-222-5

pour tous les autres pays francophones:

n° d'édition 88168
Dépôt légal: novembre 1988
ISBN 2.215.01132.3

Achevé d'imprimer en Août 1988
par *Arti Grafiche* V. BONA S.p.A. - Turin - Italie

Les artistes dont ce livre illustre les travaux et l'enseignement méritent notre admiration et notre reconnaissance. Grâce à leur participation enthousiaste, *Les secrets de la nature morte* est en mesure d'offrir un trésor de renseignements.

J'aimerais aussi remercier particulièrement Betty Vera et Jay Anning pour leur contribution à cet ouvrage.

Mary Suffudy

Table des matières

Les fleurs 79

Les objets fabriqués 109

Index 142

Introduction

Plusieurs artistes réputés ont accepté de collaborer à cette série d'ouvrages sur la peinture. C'est avec grand plaisir que nous présentons celui-ci à nos lecteurs — *Les secrets de la nature morte.*

Avoir un seul professeur d'art réputé est certainement motivant, mais pouvoir en disposer de six d'égale renommée est un avantage inappréciable. L'étude de travaux et de techniques diversifiés vous permettra de développer votre talent et de créer des oeuvres valables qui refléteront votre personnalité. En fait, ce livre est constitué de plusieurs cours de peinture réunis en un seul volume.

Voici quelques notes sur les artistes qui ont participé aux *Secrets de la nature morte*.

Charles Reid est un artiste extrêmement populaire ayant la réputation d'être à l'aise dans tous les genres — fleurs, natures mortes, paysages, portraits et figures. Ses «ateliers» de peinture sont littéralement pris d'assaut par les étudiants. Dans ce livre, Reid s'est occupé des chapitres sur les fleurs. Il a également participé dans cette série aux *Secrets du dessin*, aux *Secrets de la peinture à l'huile* et aux *Secrets de l'aquarelle*.

David Lyle Millard est un aquarelliste au style très complet et doué d'une grande sensibilité. Il a fait les chapitres sur la composition des natures mortes, sur le traitement des fonds et sur l'emploi de la couleur et de la lumière.

La manière de David A. Leffel est celle des grands classiques. Depuis plus de 10 ans il enseigne à des classes bondées à la fameuse *Art Students League* de New York. Dans les chapitres qui lui sont réservés, il traite du jeu des ombres et lumières, de l'importance des arêtes et de la préparation des fonds.

Georg Shook est artiste, professeur et conférencier d'envergure internationale. Il aime peindre sur un papier pressé à chaud, surface extrêmement douce qui rend possible une maîtrise absolue des effets de texture. Il donne également de précieux conseils sur l'apport de la photographie à la peinture.

D'après Arthur Stern, c'est la couleur qui permet de peindre ce qui frappe l'oeil. Il apprend comment observer, identifier, mélanger et peindre les couleurs de la réalité avec une fidèle exactitude. Les travaux exécutés par ses élèves et reproduits ici sont des exemples éloquents de ce qu'on peut apprendre d'un bon professeur.

Joseph Dawley s'est gagné de nombreux admirateurs grâce à son habileté à tirer de magnifiques images réalistes à partir de sujets difficiles. Il peint ici des sujets de natures mortes variés: laitue, pommes de terre, oranges, verre, argent, procelaine et tissus. Il indique aussi comment rendre la texture des objets, rude, douce, transparente ou brillante.

Ce livre ne vise pas uniquement à transmettre les idées et les techniques de professeurs éminents. Il offre aussi un éventail de techniques de peinture à l'huile et à l'aquarelle. Nous invitons le lecteur à analyser ces exemples avec soin et à trouver son style personnel.

LA PEINTURE DE NATURES MORTES À L'HUILE ET À L'AQUARELLE

Pour réussir un tableau il faut une approche intelligente. Dans ce chapitre, David Lyle Millard vous indique comment choisir le meilleur angle de vue, comment éliminer les détails inutiles, comment bâtir selon des formes géométriques et comment construire avec la couleur.

Arthur Stern vous enseignera comment la distance influence la couleur et comment percevoir ombre et lumière en tant que couleurs. Comment traiter les blancs, disposer de riches tons foncés et des masses, maîtriser les arêtes et créer des fonds convenables? David Lyle Millard et David Leffel vous le diront.

Enfin, Georg Shook vous prouvera que la photographie peut contribuer à perfectionner votre peinture.

Perception des formes

Choix de l'angle de vue. En commençant une nature morte, voyez-y un projet de tableau comme pour une scène de rue ou un paysage. Faites le tour du motif et esquissez-en d'abord diverses compositions. Voici cinq aspects différents d'un même sujet (pour vous guider, observez la position de la planche à découper). Après avoir choisi les meilleurs de vos croquis, reprenez-les à l'aquarelle en les considérant comme des sujets complètement séparés. Changez de technique à chaque fois (lavis sur lavis sec, humide sur humide, etc.) en modifiant vos combinaisons de couleurs sans hésiter à faire preuve d'un peu d'audace.

La recherche du relief. Dans cette ébauche, on peint d'abord le fond. Puis on donne du relief en peignant seulement les ombres des objets. Notez les changements là où la couleur empiète sur le premier lavis. Notez aussi comment le degré d'intensité d'une couleur aide à situer l'objet en profondeur. Plus la couleur est vive, plus l'objet semble proche.

La couleur qui souligne les formes. Après avoir passé plusieurs lavis et bien laissé sécher le papier, on souligne les formes à l'aide de touches de pastel. En utilisant les tons purs et brillants des pastels, on ajoute juste ce qu'il faut pour produire une vibration: la couleur vive des pastels s'oppose aux tons sourds des lavis à l'aquarelle.

Choix des éléments

Structures géométriques. Dans ces trois vues d'une même composition, le peintre cherche à préciser non seulement sa propre émotion devant le sujet, mais aussi celle qu'il veut provoquer chez le spectateur. Le tableau original, ci-dessus, a une structure triangulaire. Trois triangles concentriques rythment la composition: arrangement classique d'objets éloignés du bord de la table.

Étude du tableau fini. Réduit, le tableau vous semble-t-il plus intéressant?

Gros plan. À faible distance du sujet, le spectateur participe étroitement et personnellement; il reconnaît la technique employée, remarque que le lavis du fond envahit tout, excepté les blancs réservés, et voit se fondre les couleurs, appliquées humide sur humide, et le jeu des contours arrondis et à angles vifs. Observez les contrastes au-dessus et au-dessous de l'orange, à côté du vase, ainsi que la texture granuleuse. Ce format met les couleurs complémentaires en évidence. L'architecture du tableau est ici évidente. Aimez-vous entrer à ce point dans l'intimité d'un tableau?

L'emploi des formes géométriques

Le cercle. Cette nature morte fait appel à la couleur mais la palette est limitée — seulement des bruns, des bleus et des verts. L'ensemble s'organise à partir de formes rondes: le bouquet entier, le centre et le contour des fleurs, la poignée du pot, les oeufs et les points blancs des gypsophiles. (L'artiste a senti l'importance de délimiter ces minuscules surfaces blanches en les masquant avec de la gomme de réserve avant de passer les différents lavis.)

Pour créer plus d'intérêt, l'artiste a changé la table de bridge (carré) en lui donnant la forme d'un polygone. Ce qui l'a encouragé à ajouter d'autres triangles et angles vifs pour contraster avec les formes arrondies.

Le drapé du fond a tendance à diriger le regard vers la table et le bas du tableau, créant ainsi une impression d'espace derrière et autour des fleurs. Le triangle blanc par où entre la lumière, à gauche, est un choix. La composition pouvait s'en passer.

Le triangle. Vous pouvez donner un intérêt particulier à un tableau autant avec des formes qu'avec des couleurs. On voit ici des fleurs des champs dans un bocal de verre sans particularités, rendues avec des couleurs douces adaptées à leur simplicité. Mais ce bouquet ordinaire acquiert du caractère par le jeu des triangles et des diagonales qui composent le tableau. Le groupe principal de fleurs forme un rectangle important, les taches blanches au sommet forment un grand triangle et plusieurs petits triangles connexes jouent le rôle d'appuis. Cette structure abstraite permet à l'artiste une grande liberté.

Pour disposer une nature morte, pensez d'abord à créer un intérêt et un bon angle de vue. Évitez la raideur. Procédez avec subtilité. Vous devez être *le seul* à connaître ces figures géométriques. Changez la position du vase jusqu'à ce que vous ayez trouvé le meilleur arrangement. Pensez aussi à la disposition des formes blanches et n'appliquez aucun lavis avant d'avoir décidé de la direction de la lumière.

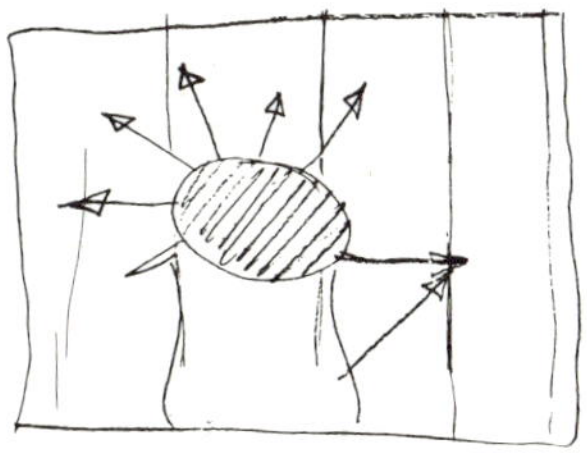

La couleur rayonnante. Ce tableau de fleurs fait appel à plus de couleurs encore, avec ses taches de rose, de rouge, de jaune et de vert. De prime abord, les fleurs ont l'air placées au hasard, mais à l'examen, on s'aperçoit qu'il y a une organisation assez géométrique. Sur le diagramme ci-contre, on voit que les riches tons bleus du pot sont un point de départ d'où les autres couleurs s'élancent à la manière des rayons d'une roue. Même l'anse semble participer à ce mouvement.

La disposition asymétrique des fleurs a pour complément et support les trois panneaux rectangulaires du fond, dont les valeurs vont du plus clair à gauche jusqu'au plus foncé à droite, indiquant ainsi d'où vient la lumière.

Ces rectangles font contraste avec les fleurs délicates, non par leur couleur mais par leur forme différente. Rappelez-vous que l'on compose non seulement avec les formes situées à l'intérieur du bouquet mais aussi avec celles qui *entourent* le sujet.

Ce jeu des formes ne doit pas nécessairement être soumis à une stricte géométrie; vous devez y faire attention pour améliorer votre composition.

L'emploi des panneaux et des bandes

Les bandes horizontales. L'artiste a été séduit par les couleurs vives et les tiges tombantes d'un côté et les marguerites blanches de l'autre. Il a aussi aimé la forme souple en « S» suivie par les fleurs. Il lui a paru naturel d'y opposer des bandes horizontales à la base, où le pot à anse métallique repose sur une tablette de bruns, de rouges et de bleu lavande — et au sommet, où il met du bleu nuit pour contraster avec le panneau jaune. La bande bleue a été peinte après la finition du bouquet. Le peintre a travaillé cette couleur autour d'une marguerite blanche, d'un pavot rouge et d'une grappe de fleurs imaginaires, créant ainsi une forme en négatif particulièrement intéressante. Pourquoi ne procéderiez-vous pas de la même manière? Complétez d'abord les fleurs en omettant la grosse bande horizontale. Ensuite, laissez la peinture pendant une semaine en la regardant de temps en temps. Vous ajoutez alors cette bande si vous la jugez nécessaire. Appliquez un lavis sombre et concentré, d'un seul coup. En prenant du recul, vous apprendrez à évaluer le contenu émotif du tableau. Vous verrez qu'il y a une très grande différence entre les deux approches. L'une saisit le sujet, l'autre l'apprivoise peu à peu.

Les bandes verticales. Ce que vous mettez dans un vase n'est pas toujours reproduisible tel quel. Ce bouquet est composé de marguerites, de cosmos, d'une marguerite dorée et d'une centaurée. Il est dans un vase blanc à long col posé sur une table brune. Trouvant que cela manquait de vie, le peintre s'est servi de son imagination pour en faire un bon tableau. Les natures mortes sont faciles à modifier. Inspirez-vous du grand pastelliste français, Odilon Redon (1840-1916), qui excellait dans la couleur et la composition et n'hésitait pas à dessiner des fleurs qui n'existaient que dans son esprit. Et c'est ce qui est fait ici: les deux marguerites du dessus sont blanches là où la lumière les frappe, puis elles se teintent de bleu pâle. Plus bas, elles deviennent roses et, plus bas encore, s'habillent de bleu foncé. C'est un choix de l'artiste!

Ayant fini son bouquet, le peintre a mis l'esquisse de côté et l'a réexaminée de temps à autre. Il a alors décidé de faire ressortir les fleurs contre un panneau vertical. Il ajoute aussi des aiguilles de pin. Le tout en clair sur le fond sombre du panneau. L'idée est concluante, c'est séduisant!

Les bandes verticales à deux couleurs. *Lis tigrés et lis roses* est le titre d'une grande aquarelle peinte en studio à partir d'une série d'esquisses du même bouquet sous différents angles. Ce qui donne l'impression de plusieurs bouquets. Une bonne méthode à mettre en pratique.

Le tableau terminé, le peintre le laisse de côté mais revient le voir quotidiennement. Souvent, les pinceaux posés, votre jugement est quelque peu faussé. Vous avez eu du plaisir à jouer avec le dessin et la couleur, à résoudre des problèmes et à voir l'oeuvre achevée. Votre vision s'est colorée de votre plaisir. Ne demandez pas l'opinion d'un ami. Mettez plutôt votre aquarelle en veilleuse, comme l'a fait David Lyle Millard, et prenez le temps de voir vraiment ce que vous avez créé.

Pendant trois mois, notre artiste a regardé son aquarelle de temps à autre. Un bon matin, il décide de voir ce que donnerait un panneau placé derrière la multitude de formes des fleurs et une partie du vase, qui deviendraient ainsi des images en négatif. Il opte pour un brocart pourpre à bordures vieux rose. Ces bandes verticales apportent à la peinture une force dont elle était dépourvue jusque-là.

Trois panneaux. Voici trois panneaux plutôt discrets, qui supportent une explosion de couleurs. Ils divisent le fond en trois. Celui de gauche est d'un gris pâle et chaud traversé d'étroites bandes de vert émeraude et de touches légères de jaune cadmium pâle appliquées à sec. Celui du centre est d'un jaune très clair rehaussé d'un soupçon de gris verdâtre. Cette couleur donne de l'unité aux diverses couleurs des fleurs et des tiges. Le panneau de droite est un lavis fait de bleu lavande, de rose et de bleu. Les bandes étroites qui courent à gauche, à droite et à la base sont un mélange de gris, de vert et de jaune.

La composition s'inspire de la lettre «X». Les rouges foncés, bourgogne et pourpre sont renvoyés aux extrémités. À cause de leur intensité et de leur forme, ces couleurs ont tendance à ramener le regard — vers le centre.

Le bouquet est un kaléidoscope en camaïeu. Débordant du vase, il y a divers tons, légers, moyens et foncés, de jaune, jaune orangé, orangé, orangé rouge, violet rouge, rose et bleu lavande.

À l'intérieur du vase, on trouve une agréable combinaison de plus d'une douzaine de verts et presque autant de bleus. Le blanc est celui du papier. Le peintre doit faire appel à toutes ses facultés pour réussir à maîtriser un ensemble d'une telle complexité.

Composer avec la couleur

Exploitation de la couleur. Cet arrangement de superbes zinnias se résume à des rapports de couleurs: orangé, rose, rouge fuchsia, en décrivant une sorte de roue où chaque couleur influence sa voisine. C'est pourquoi il y a des pétales orangés sur le zinnia rouge fuchsia. Le coloriste Joseph Albers a passé sa vie à harmoniser des couleurs, comme l'ont fait Bonnard et les impressionnistes.

Le vieux pot blanc en faïence où repose le bouquet est placé sur une large allège de fenêtre. L'intérêt de l'artiste s'est porté sur les fleurs si bien que la vitre en arrière-plan n'est plus qu'un fond gris pâle assez diffus. Comme la lumière la plus vive frappe le sommet du zinnia rose, le peintre laisse le papier blanc et fonce la couleur allant vers les pétales extérieurs. Il a remarqué que la tige du zinnia rose est foncée. Il fonce alors les pétales du zinnia orangé à l'aide de terre de Sienne brûlée, ainsi que quatre ou cinq pétales du zinnia fuchsia.

Poursuivant son travail, le peintre crée un croissant de couleurs vives, dirigé vers le rouge bourgogne des deux zinnias de droite. Ceux-ci étant au même niveau que le zinnia rose, il éclaire davantage le côté gauche afin de justifier la couleur très foncée à droite.

Il obtient le riche vert des feuilles à l'aide d'un lavis bien concentré de vert de vessie et de terre de Sienne brûlée. Ce deuxième croissant rappelle celui du haut et conduit le regard vers la partie éclairée de l'anse du pot. Cette traînée de lumière est obtenue en allégeant ici et là le lavis avec un pinceau mouillé.

Dans la préparation d'un bouquet, il est préférable de couper les tiges à différentes longueurs. Posez d'abord les fleurs à plat sur une table et déplacez-les jusqu'à ce que vous soyez satisfait de la composition et coupez les tiges en conséquence. En les disposant, n'oubliez pas les images négatives qu'elles peuvent composer.

Rapports entre couleurs pâles. Pour un artiste, un problème peut avoir plusieurs solutions. Ce sont des «variations» sur un même thème. Ce tableau est le premier de trois compositions visant à souligner la délicatesse et la fragilité de quelques cosmos rose pâle. Au-dessus du bouquet, le peintre a suspendu un peu de lierre de Suède pour prolonger le sujet en hauteur. Les petites formes rondes et vertes du lierre s'harmonisent bien avec les tiges un peu tordues des cosmos.

Le peintre a voulu que les trois compositions aient une certaine similitude: 1) Les cosmos roses et leurs tiges irrégulières doivent se détacher du reste du bouquet. 2) La composition et les combinaisons de couleurs doivent varier d'un tableau à l'autre. 3) Un panneau de couleur servira à créer un contraste linéaire et net avec les formes délicates et asymétriques des diverses fleurs.

Le peintre concentre son attention sur les fleurs, éliminant ainsi le pied du vase. Un certain calme émane de cette composition, avec son fond simple et clair servant de décor aux fleurs légères. Le mur reçoit l'ombre bleu gris des fleurs. Observez le dessin précis des tiges rendu en négatif. Le même effet se retrouve en plus petit à l'intérieur du vase et parmi les fleurs.

Effet des couleurs vives. Pour le second tableau, le peintre s'est encore rapproché des fleurs. Les couleurs deviennent plus vives, les arêtes sont plus nettes et l'ombre des fleurs plus foncée. Le vase n'apparaît pas. La position centrale des cosmos détermine automatiquement celle du panneau. Comparez cette composition avec la première où le panneau plus étroit est décalé par rapport au bouquet. Ici, le panneau souligne la composition. Voyez aussi comme le fond fait ressortir les fleurs. Le rose des cosmos se détache sur un ton similaire d'un rose profond et diffus. Les arêtes des cosmos sont vives au sommet et douces vers le bas. Au cours de son travail, le peintre n'a pas eu seulement le souci de rendre les couleurs, il a cherché à s'en servir comme éléments de composition.

La couleur et les formes négatives. La couleur et la position des cosmos diffèrent beaucoup dans cette troisième toile. L'artiste a insisté ici sur les formes négatives qui entourent le bouquet. Le tracé des pétales est plus rond sur le dessus et plus net vers le bas. Le contraste est accentué par la lavande rajoutée autour d'une grande partie du bouquet. La couleur des panneaux latéraux est obtenue en mélangeant les couleurs du bouquet. À cause de l'ombre portée à gauche, on devine que le vase est posé sur une nappe. Observez la courbe qui part du coin supérieur, à droite, passe à travers les verts, traverse les fleurs et s'achève dans les feuilles du coin inférieur, à gauche.

Comment la couleur est influencée par l'espace

La mise en place. Ce livre contient plusieurs projets de natures mortes dont Arthur Stern se sert pour apprendre à ses élèves à peindre ce qu'ils voient réellement. L'un d'eux, Alfred Tyrol, a illustré les exercices de cette page et des pages 22 et 23. M. Stern tient à préciser que les travaux reproduits ne doivent pas être copiés, ils servent seulement de référence pour vos propres projets.

Pour cet exercice qui montre l'interférence entre la couleur et l'espace, vous devez préparer votre mise en place. Achetez une demi-douzaine d'oranges d'une couleur uniforme — sans taches de vert ou de jaune — et aussi semblables que possible. Prenez une grande boîte dont vous avez enlevé le dessus et les deux côtés adjacents, tapissez le plancher et la paroi de gauche de la boîte de papier blanc et la paroi de droite de papier gris pâle. Vous ne devriez voir que le plancher et la paroi blancs et non la paroi grise. Placez une source de lumière vers la gauche, assez basse pour obtenir des ombres conséquentes sur le plancher de cette scène improvisée. Comme ci-dessus, mettez deux oranges en contact et placez-en deux autres de manière que l'une cache l'autre en partie. Si vous n'avez pas de boîte, vous pouvez aussi disposer vos oranges sur une nappe blanche avec un mur blanc comme fond. L'essentiel, c'est de vous assurer qu'il n'y a rien près des oranges qui puisse en altérer la couleur.

Première étape. Devant l'ampleur de la composition, l'élève a choisi une feuille entière de papier toilé. Il a travaillé à l'huile avec un couteau à palette. Il s'est servi d'un viseur, de proportion ¾ pour composer son tableau. (Un viseur n'est pas indispensable mais ce peut être un outil très pratique. On peut en fabriquer un en découpant une ouverture de 38 x 50 mm au milieu d'une feuille de carton, gris ou noir, de 13 x 41 cm. Cette ouverture vous donne donc une image de proportion 3 sur 4. On peut choisir d'autres proportions.)

L'élève a pu résumer ce qu'il voyait avec seulement quatre couleurs. À l'aide d'un cache à couleur — un petit rectangle de carton gris percé d'un trou — pour identifier la couleur de la partie éclairée d'une des oranges du centre, il a donné cette couleur à la partie éclairée de *toutes* les oranges. Il a répété rigoureusement cette opération pour la partie non éclairée des oranges. Les deux autres couleurs sont celles du plancher et du fond, ce qui donne quatre couleurs: celle de la partie éclairée des oranges, celle de la partie dans l'ombre et des ombres portées, celle du plancher et celle du fond.

Cache à couleur

Observations. Ayant déposé sur le couteau à palette un peu de la couleur correspondant à la partie éclairée des fruits, l'artiste se sert du cache pour faire des comparaisons avec la couleur réelle de chacune des six oranges. Sans que cela le surprenne, il découvre que ces parties éclairées sont toutes différentes. Le même phénomène se reproduit pour la partie non éclairée des fruits et pour les ombres portées. D'où vient cette différence? Le mur blanc et le plancher ne semblent pas en cause. Ce qui joue en fait, c'est la distance des oranges par rapport à la source de lumière et les unes par rapport aux autres. Les plus rapprochées de la lumière sont plus claires, les plus éloignées plus foncées. De plus, les oranges s'influencent mutuellement.

Deuxième étape. Tirant parti de la première étape, l'élève a perçu plus précisément les différences de couleur. Cette photo en noir et blanc montre les changements de valeurs. Sur chacune des oranges, il distingue trois couleurs — partie éclairée, partie non éclairée et ombre portée. Il est évident que le moindre changement de position modifie la nuance, la luminosité et l'intensité des tons. Lorsque vous peignez une nature morte, il ne suffit pas de préparer trois mélanges de couleurs et de les appliquer systématiquement sur les fruits qui sont devant vous.

À la deuxième étape de votre projet, rappelez-vous que la partie éclairée, l'ombre et l'ombre portée diffèrent pour chaque orange. Il faut rendre ces différences. Enfin, essayez de diviser le blanc en plusieurs zones, variant en nuance au fur et à mesure qu'il s'éloigne de la source de lumière.

Oranges, huile par Alfred Tyrol. Collection Horace Lilhoit.

Troisième étape. En réalité, l'élève n'a pas encore totalement rendu les riches coloris et la subtilité de ses modèles, sa deuxième étape n'étant qu'un stade plus poussé de la première. Il fallait aller plus loin, en accordant autant d'attention aux nuances dans les parties éclairées, aux couleurs de transition entre celles-ci et les ombres, ainsi qu'aux reflets sur les ombres. Il n'y a pas de limite au nombre de taches de couleur qui peuvent être ajoutées à cette troisième étape. L'élève en a ajouté une douzaine sur plusieurs des oranges. La même opération peut se poursuivre sur le plancher et la paroi, la lumière subissant de fines gradations.

Le but de cette troisième étape est de relever les couleurs de *transition*. Ce sont celles qui séparent les couleurs brutes, exprimées aux deux premières étapes. En les peignant, vous atténuerez les contrastes du début. Vous noterez la progression logique de la nuance, de la luminosité et de l'intensité des couleurs sur les formes. C'est cette progression qui crée l'illusion de la profondeur. Quant aux reflets de la lumière, aussi brillants qu'ils paraissent, gardez-les pour la fin en évitant le blanc pur. Il faut trouver les nuances exactes.

Projet supplémentaire. Vous pouvez reprendre ce projet en modifiant la couleur du fond. Tapissez le plancher et la paroi de gauche de papier bleu. Gardez le gris du côté droit. Redonnez la même position à tous les éléments et reprenez les trois étapes en notant l'influence du nouveau fond sur la couleur des oranges.

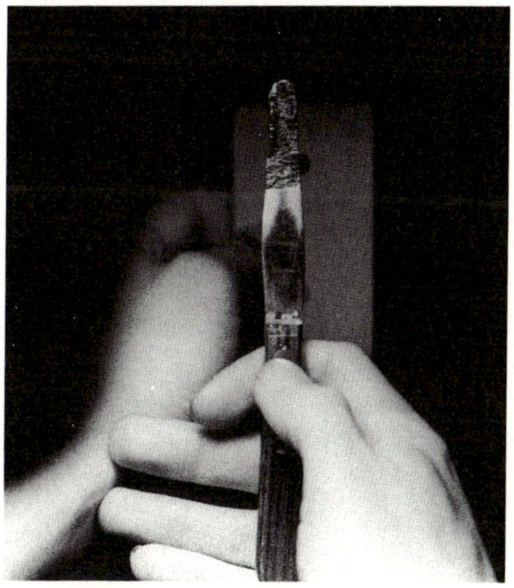

Position du couteau contre le cache.

Ombres et lumières vues comme couleurs

La mise en place. Dans ce projet, le problème qu'Arthur Stern a soumis à ses élèves consistait à peindre en trois étapes un objet blanc de forme compliquée. Pour cela, une grande serviette de table est idéale, si vous en trouvez une: qu'elle soit lavée et repassée mais sans pli ni froissée.

Utilisez deux côtés et le fond d'une boîte. Tapissez la paroi de gauche de papier rouge, celle de droite de bleu, et le fond de jaune. L'angle de la boîte doit être le centre du regard, les deux côtés étant également visibles. Placé au centre de votre tableau, l'angle sera recouvert par la serviette. Épinglez le centre de la serviette dans cet angle, assez haut pour que les quatre pointes soient un peu plus hautes que le plancher. Faites quelques grands plis, en laissant paraître un peu de l'envers de la serviette. Placez une lampe au-dessus, un peu de côté, pour provoquer des zones d'ombre et de lumière sur le tissu, assez près pour que la lumière frappe directement les parois et le plancher, créant de multiples ombres sur la serviette et projetant une ombre dans le coin inférieur.

Première étape. L'élève, Arthur Tyrol, a utilisé pour ce projet de peinture à l'huile une feuille entière de papier toilé, tenue verticalement. Un viseur ¾ a servi à composer le tableau. (Pour fabriquer un viseur, voir à la page 21). En parcourant la serviette avec son cache à couleur, l'élève s'est rappelé le but de cette première étape: ébaucher le sujet avec un minimum de taches de couleur. En travaillant d'après votre mise en place, ne vous laissez pas arrêter par les menus détails du bas de la serviette à droite. Voyez plutôt cette partie ombrée comme une seule tache. De même, ne vous arrêtez pas aux soupçons d'ombre sur la grande surface éclairée de la serviette qui doit être vue comme une grande tache claire. Vous devriez aboutir à huit taches de couleur principales: deux pour les parois, une pour le plancher, une pour la partie éclairée de la serviette, une pour la partie non éclairée, deux pour les ombres sur la paroi et une pour l'ombre sur le plancher.

Observations. L'élève a d'abord remarqué que les quatre éléments du tableau — la serviette et les trois plans de la boîte — se divisaient en deux: une partie éclairée, une autre d'ombre, qui ne sont pas de simples variations d'une même couleur mais bien deux couleurs différentes. Il n'est jamais sûr que l'ombre sur le mur rouge sera rouge foncé; bleu foncé sur le mur bleu; jaune foncé sur le plancher jaune; et la partie sombre de la serviette, blanc... plus «sombre» (difficile à concevoir!). Ni que la serviette elle-même soit vraiment blanche! Si vous l'examinez avec un cache à couleur (voir page 21), vous constaterez que le «blanc» est légèrement teinté.

Deuxième étape. Poursuivant son travail, l'élève a détecté certaines parties plus foncées sur les surfaces éclairées de la serviette, des parois et du plancher. Il a aussi trouvé des tons différents à l'intérieur des ombres portées sur les parois et sur le plancher. Cette seconde étape fera apparaître environ deux douzaines de tons. Comme l'a fait l'élève, étudiez bien le résultat de votre deuxième étape. Essayez de saisir le lien logique entre les taches de couleur. Par exemple, voyez si les couleurs d'une paroi sont influencées par l'autre paroi ou par le plancher, ou par les deux. D'autres points ne sont influencés que par la lumière directe. À mesure que vous entreprendrez d'autres projets, il vous deviendra possible de prévoir quelle couleur influencera telle autre. Mais ne tentez pas de le faire sans vous baser sur l'observation.

Projet supplémentaire. Pour aller plus loin dans la perception des ombres et lumières en tant que couleurs, remplacez la serviette blanche par un morceau de tissu de même taille mais de couleur différente. Les autres éléments ne changent pas. Reprendre le projet en étudiant les nouvelles interactions des couleurs modifiées.

Troisième étape. Vous découvrirez qu'il y a encore d'autres taches de couleur à percevoir sur les parois, sur le plancher et, évidemment, sur la serviette. Vous devrez décider de celles qu'il faut retenir. Il est étonnant de parcourir les couleurs de transition sur la serviette censée être blanche. Plusieurs de ces tons subtils ne peuvent être décelés qu'à l'aide du cache. Toutes ces variations donneront encore plus de relief à l'ensemble.

Sans vouloir reproduire exactement les ombres et les lumières, mais simplement en incorporant les diverses taches de couleur, vous devriez obtenir un bon rendu des plis et des courbes de la serviette. Ce genre d'exercice démontre une fois pour toutes que les ombres et lumières ne sont pas les nuances d'une seule et même couleur. Quand la lumière frappe un côté d'une orange et que l'ombre envahit le côté opposé, ce sont deux couleurs totalement différentes qui sont produites.

L'emploi des couleurs complémentaires

Rouge et vert. Les couleurs complémentaires, (deux couleurs qui s'opposent sur le cercle chromatique) se font valoir l'une l'autre. L'artiste les a utilisées pour rehausser deux natures mortes à l'aquarelle. La combinaison rouge-vert est des plus intéressantes. Dans l'esquisse ci-contre, les rouges prennent des teintes violacées: rouge de cadmium, rose permanent, rouge anglais, mauve et violet. Ils suivent la courbe de la corbeille en porcelaine et s'épanouissent avec la nappe rose violet. Les verts suivent la même courbe: en haut, vert de vessie et de cobalt avec un peu de terre de Sienne brûlée; en bas, vert de vessie et vert émeraude. Le lavis vert de gauche va du bleu céruléum à un mélange de vert de vessie et de vert émeraude — belle couleur complémentaire pour le rose de la nappe. Pour le fond bleu, bleu cobalt et terre d'ombre naturelle. Pour le plat, terre de Sienne avec un peu de violet de cobalt. Ici tout l'intérêt repose sur les couleurs complémentaires.

Orangé et bleu / violet et jaune. Sur un fond à dominante bleu violet, D. Millard peint le centre des fleurs en orange de cadmium avec un peu de terre de Sienne brûlée. Les fleurs jaunes s'opposent au fond violet. Le fond bleu (outremer avec un peu de noir d'ivoire) avec une pointe de mauve s'oppose au jaune et au gris des fleurs, et se mêle un peu au bleu céruléum et au rouge anglais du pot et de la nappe. Notez les couleurs de transition, par exemple entre la nappe et le côté gauche supérieur du bouquet. À droite, des touches de violet de cobalt contrebalancent les couleurs vives et fortes. Le chandelier orangé de cadmium et terre de Sienne brûlée fait pendant aux fleurs. Les feuilles sont rendues en vert de cobalt avec des touches de vert de vessie.

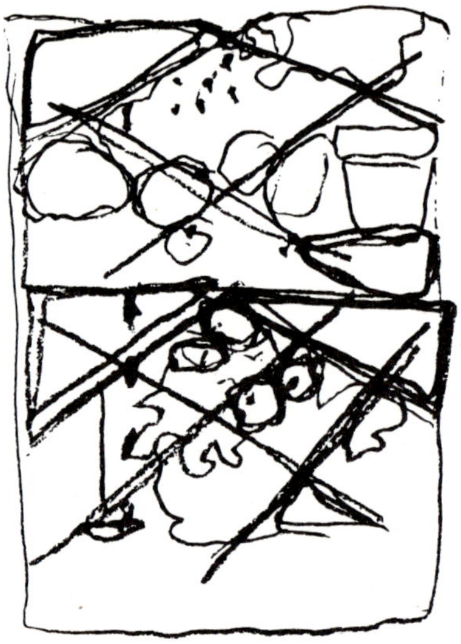

L'emploi de couleurs imaginaires

Le sujet peint tel quel. Cette nature morte simple est constituée d'une bouteille de couleur crème, d'un panier de fleurs roses et d'une orange. Une orange plutôt qu'une pomme parce que le peintre voulait opposer la couleur exacte au fond bleu, obtenu avec plusieurs lavis très colorés (de gauche à droite: bleu manganèse, bleu de cobalt, outremer — ce dernier posé sur du violet de cobalt). La nappe est faite d'un mélange de violet de cobalt et d'ombre naturelle. Un léger lavis d'orange de cadmium est placé vers le haut. Pour le tombé de la nappe, on a ajouté un peu de bleu de cobalt au premier mélange pour obtenir un ton plus doux et plus sombre.

Les couleurs inventées. Dans l'esquisse ci-contre, l'artiste a arrangé les objets autrement et s'est servi d'une combinaison de couleurs différentes pour la même nature morte. Il a d'abord dessiné les contours, modifiant sa composition en changeant légèrement l'orientation du panier et de la nappe blanche. Le fond est maintenant fait d'une succession de rouges au lieu de bleus. Voyez le changement produit par la substitution d'une seule couleur! Ceci n'est qu'un exemple des couleurs que vous êtes libre d'inventer dans vos natures mortes. Pour le fond, de gauche à droite: un lavis rouge de cadmium foncé sur un lavis encore humide de cramoisi d'alizarine; un lavis rouge écarlate sur le lavis précédent encore humide; plus un peu de vermillon de Chine; et finalement, un peu de rose permanent à droite, vers le bas, en contact avec la table.

Autres changements: pour les fleurs, lavis mauve sur lavis humide violet de cobalt; les oranges d'une couleur plus foncée; couleur plus foncée pour le panier; angle de vue différent, le peintre s'étant rapproché du sujet.

Le jeu de la couleur et de la lumière

Les tons foncés s'effacent pour faire ressortir la lumière. Vous pouvez créer une ambiance suivant la manière dont vous éclairez et peignez des fleurs à l'aquarelle. Un peu de mise en scène doit présider à vos natures mortes. Utilisez une table, une tablette ou une planche large fixée sur l'allège d'une fenêtre. Puis jouez avec l'éclairage, naturel ou artificiel. Il faut que le sujet soit net et attrayant. Dans cette aquarelle de David Lyle Millard, la partie sombre de gauche (en mauve et brun), pareille à un décor de théâtre, accueille l'iris pourpre dans son ombre et met en valeur les fleurs blanches, qu'elle rend encore plus blanches...

Des couleurs plus brillantes. Pour rehausser ses couleurs, l'artiste applique un léger fond gris froid près des fleurs de couleur chaude et un gris chaud près des feuilles de ton froid. Pour réaliser un arrière-plan, il utilise une multiplicité de couleurs apparentées: des jaune orangé au terre de Sienne brûlée, du mauve et du rose permanent au rose le plus pâle. Il répartit des couleurs froides autour des chaudes et des couleurs contrastantes autour des blancs.

La couleur contre les blancs. Dans le gros plan ci-dessous, voyez comment le peintre a traité les fleurs. Notez les arêtes douces du côté gauche et les arêtes plus nettes du côté droit. Les détails disparaissent là où le blanc est le plus pur. Regardez maintenant les feuilles. Contre toute attente, elles ne sont pas toutes vertes. Combien de verts comptez-vous? L'artiste y a introduit des bleus, des pourpres, des ocres et des tons olivâtres.

Le blanc

Avec un minimum de blanc. Cette fois, le peintre applique d'abord un lavis sur son croquis et teinte la feuille entière à l'exception de quelques points blancs où il veut garder un peu de luminosité. Son premier lavis est léger et lumineux à cause de la texture granuleuse des pigments: violet de cobalt et ombre naturelle. Il prépare une grande quantité de lavis fluide qu'il applique généreusement en haut, de gauche à droite en ayant soin de mélanger sa couleur pour l'empêcher de sécher trop vite.

Une fois cette première couche complètement sèche, il mouille à nouveau le papier avec de l'eau claire sur le pot, sur l'assiette et sur la partie inférieure de la grenade et applique un second lavis, humide sur humide, composé de violet de cobalt, de cramoisi d'alizarine, d'ombre naturelle et d'orange cadmium pour la grenade.

Pour la bouteille, il attend que le premier lavis soit sec pour en appliquer un deuxième, composé de terre de Sienne naturelle, de gris de Davy et de vert olive très délayés. Il l'applique très rapidement sur la feuille inclinée, le laissant fuser et sécher dans cette position. Le troisième lavis est appliqué seulement sur les parties les plus foncées de la bouteille, du bol et des ombres. Admirez la transparence du verre et la façon dont le peintre souligne ou laisse se perdre le contour des objets.

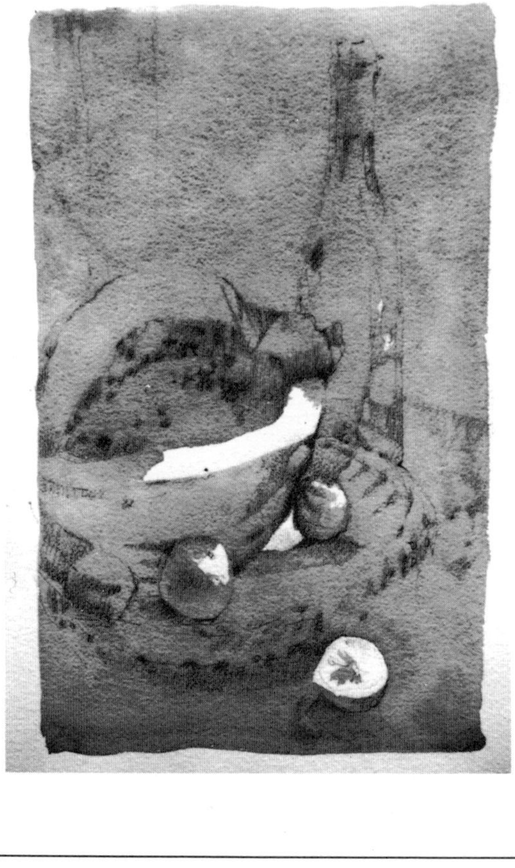

Les blancs positifs ou négatifs. Dans cette esquisse, la grosse traînée de blanc sur la papaye, les taches blanches au sommet des trois limettes et les éclats sur la bouteille de vin sont des éléments *positifs*. Mais la forme blanche derrière la limette sur l'assiette est un élément *négatif*. Il importe d'apprendre à manier les formes positives et négatives afin de réussir vos natures mortes. À titre d'exemple, D.L. Millard recommande d'étudier les tableaux de Degas.

Dans cette aquarelle à texture granuleuse, les rapports dans l'espace — entre premier plan, second plan et arrière-plan — sont assez évidents. L'oeil passe rapidement de la limette au premier plan, au bord éclairé de la papaye, d'où il monte en suivant la bouteille et se perd au loin grâce à la transparence du verre. Une impression de chaleur se dégage du lavis principal au centre, là où de l'ombre naturelle a été ajoutée, humide sur humide, au lavis du fond: violet de cobalt, outremer et ombre naturelle, appliqués sur le croquis du début, en réservant les blancs. Un peu de terre de Sienne naturelle est appliquée au sommet et au col de la bouteille sur le papier sec. Le peintre a réussi à retenir l'attention au centre du tableau par un emploi judicieux du blanc et en mesurant et combinant avec soin les couleurs et les valeurs.

Pour donner un modelé aux surfaces blanches. En peignant ce sujet rustique, le peintre a réservé des parties blanches, considérant chacune comme un élément de sa composition. Ces taches de lumière épousent la forme des objets et se soumettent au rythme du dessin, lui-même lié aux volumes. L'ail et les échalotes sont orientés vers le fond en décrivant une courbe qui rappelle l'ovale de l'ouverture du pot.

Pour donner du volume aux formes blanches. Dans cette aquarelle, le couvercle du pot dont la céramique est plus brillante, sert à mettre l'ail en valeur. Dans ce cas-ci, le peintre a donné plus de vie aux formes blanches. Sa nature morte est conçue pour capter des touches de lumière plutôt que le plein soleil. Notez que les formes blanches épousent les volumes. Les contours des objets sont soulignés avec le bord de la brosse et un peu de couleur.

Pour créer l'effet de profondeur. Le relief peut s'obtenir en superposant plusieurs lavis (sur papier sec, la feuille inclinée pour garder la couleur uniforme). Les lavis foncés font que les contours des échalotes se perdent dans l'ombre. Par contre, l'ail et l'oignon ont des contours bien marqués. L'ombre de l'oignon suit la forme de l'ail. De même, pour l'ombre de l'ail sur le pot. Les ombres très accentuées sous sa queue font presque sortir l'ail du tableau.

Pour faire «chanter» les blancs. Les couleurs en dégradé qui cernent les objets blancs les font paraître plus brillants, la couleur s'accentuant et s'intensifiant à mesure qu'elle s'approche du centre. Les blancs acquièrent de la force à cause du bleu vert de la limette qui précise le contour de l'ail. L'effet se poursuit dans les rayures et les ombres du fond où se devine le dessin de la nappe.

Tons foncés, riches et vibrants

Les tons foncés par lavis successifs. David L. Millard a décidé d'obtenir une couleur intense et riche par des lavis successifs.

Le peintre applique d'abord le fond, en réservant des surfaces blanches sur les objets. Puis, sur ce lavis complètement sec, il ajoute les ombres légèrement teintées de la couleur propre à chaque objet. Il laisse bien sécher le lavis car s'il passait trop rapidement au lavis suivant les pigments formeraient des coulures. L'artiste incline légèrement son papier pour que les couleurs coulent vers le bas et que les tons foncés ne soient pas brouillés.

David Millard a appliqué ses couleurs dans l'ordre suivant: 1) Pour le fond, un premier lavis d'ombre naturelle et d'outremer; 2) pour l'ombre, un premier lavis de terre de Sienne brûlée pâle; 3) un deuxième lavis d'ombre naturelle, d'outremer et de violet de cobalt pour le fond; 4) un deuxième lavis de terre de Sienne brûlée pâle pour l'ombre; 5) pour chaque légume, des lavis soutenus appliqués avec maîtrise; 6) un quatrième lavis pour les points forts et les ombres profondes, en ajoutant du violet Winsor au lavis du fond.

Les tons foncés, francs et riches. Vous devez peindre avec brio et assurance pour obtenir des tons foncés et justes. Vos coups de pinceau doivent être précis. Votre lavis doit être appliqué «alla prima» ou d'un jet.

Là où l'oeil non prévenu ne voit que deux couleurs, une beauté sereine apparaît. La blancheur de la nappe est celle du papier; seules des couleurs très légères lui ont été ajoutées.

La tonalité brune du tableau est obtenue grâce à un mélange de terre de Sienne naturelle et brûlée, terre d'ombre naturelle et brûlée, et des touches de violet et de rouge de Venise. Le bleu est un mélange de bleu de manganèse, de bleu céruléum, de bleu de cobalt et d'outremer avec une pointe de vert de vessie et de vert émeraude. À noter le jeu savant des ombres et des lumières, qui contrastent avec la sérénité de l'ensemble: le cruchon bleu foncé contre le pain et la nappe; sur la grande jarre, la couleur foncée qui descend sur le bol et la nappe; le fouillis d'ombres sous un bouquet inhabituel d'herbes séchées.

Maîtrise des tons les plus foncés. Cette aquarelle qui évoque les natures mortes des vieux maîtres hollandais, a été exécutée en deux séances. À cause de la complexité de la composition, le peintre a senti le besoin de s'en tenir à une palette bien définie et relativement limitée. Il semble à première vue n'y avoir que trois couleurs: orangé, bleu et vert. En fait, il y a plusieurs orangés, bleus et verts.

Lorsque tous les objets ont été peints, le tableau est mis à sécher légèrement incliné pour conserver la transparence des ombres du fond. Pendant la période de séchage, le peintre se pose le problème du fond aux tons riches et profonds qu'il mélange sur le papier. Les tons les plus foncés, ajoutés humide sur humide, combinent le cramoisi d'alizarine et l'outremer. Un lavis légèrement dilué a été ajouté sur le pot d'étain, un peu trop en évidence à cause des ombres très poussées qui l'entouraient.

L'artiste a volontairement laissé de petites taches de blanc dans le fond pour lui donner un peu de vie. Le lavis du fond est appliqué sur le verre tout en ménageant quelques éclats de blanc.

Le clair-obscur

Le clair-obscur est l'art de nuancer un effet de lumière diffuse sur un fond d'ombre. Dans un tableau clair-obscur, la lumière conduit l'oeil, les ombres structurant la composition.

Dans ce genre, l'artiste a le choix de présenter un plan peu profond dans lequel les objets sont placés côté à côte, ou un plan incliné où les objets semblent s'enfoncer suivant divers angles et courbes, donnant ainsi un effet de profondeur.

Se référant à l'huile, David Leffel conseille de placer l'élément le plus important (ou centre d'intérêt) à droite, lorsque le plan est au niveau de l'oeil ou tout près. La composition suit la lumière de gauche à droite et s'arrête au centre d'intérêt. Pour empêcher le regard de déborder le cadre du tableau, on le retient au moyen d'une ombre sur une pelure de fruit ou d'un simple grain de raisin.

Commencez une nature morte en situant le point d'intérêt. Puis, définissez sa masse et sa tonalité avec précision. Pour être intéressant, cet élément doit présenter assez de lumière, de couleur, de texture et de substance pour provoquer et retenir l'attention.

Dans le tableau ci-contre, la nature morte est composée de manière typique: un verre ambre à gauche, un groupe de cinq nectarines et un cruchon mexicain bleu et blanc qui sert de centre d'intérêt, à droite. Le fond est foncé. La lumière qui traverse les objets atteint sa plus grande intensité à droite.

Les trois petites illustrations montrent comment David Leffel construit son effet de clair-obscur au début de son travail. Il situe d'abord le centre d'intérêt et détermine les ombres les plus denses et le trajet de la lumière à travers le tableau. Pour les ombres, il commence par celle de l'objet le plus foncé — le verre ambre — et applique une couleur un peu plus pâle à l'arrière-plan. Puis il ajoute la masse ombrée des nectarines, plus pâle que celle du verre, et l'ombre du cruchon, de valeur égale à celle des nectarines. Il ne s'est servi jusqu'ici que de tons foncés.

Puis, il rend le fond transparent à l'aide d'une couleur cadmium. Il estompe le bord de l'ombre du verre. Sur la première nectarine à gauche, il ajoute un peu de lumière en laissant le contour du fruit dans l'ombre pour donner du relief. Il ajoute aussi des taches de lumière de plus en plus intenses sur les deux autres nectarines, ce qui crée une progression des valeurs en direction du cruchon. Avant de l'atteindre, la lumière a traversé l'espace qui le précède.

Une nature morte offre plus d'intérêt quand les objets ne sont pas tous éclairés. Il est également bon d'avoir un objet plus foncé que l'arrière-plan. Dans un clair-obscur, le moyen d'éclairer un objet consiste à créer une sorte de halo en peignant l'espace qui l'entoure d'un ton plus clair, et non plus foncé. Les exemples abondent dans l'oeuvre de Rembrandt.

Définition des masses

Procéder par masses. Avant d'entrer dans le détail, essayez de voir votre sujet comme un tout. On y arrive en regroupant les détails en masses d'une même couleur et valeur. Ainsi, une pomme peut offrir deux plans, éclairé et ombré. Les détails, comme la tige, ne doivent être traités que beaucoup plus tard.

Dans le tableau à l'huile en haut de cette page, le peintre a disposé les masses, claires et ombrées, des fruits et de la poterie. Au stade suivant, au bas de la page, le travail est plus affiné. Remarquez les lueurs au sein des ombres par exemple. Il est conseillé de voir le tableau comme un tout et non comme une juxtaposition de détails. Une masse de lumière opposée à une masse d'ombre donnera de l'ampleur et de la matière à votre tableau.

Dès le départ, toute la conception de votre tableau dépend du jeu des masses, parce que leur forme et leur position — par exemple, les lumières les plus fortes et les ombres les plus denses — sont partie intégrante de l'aspect général. Une fois les masses définies, vous pouvez ajouter les détails, clairs et sombres, reflets, etc. Allez toujours du plus grand au plus petit, de l'ensemble au détail.

D. Leffel parle en termes de plans, de masses et de dimension plutôt qu'en termes de lignes et de nuances. Au début, ce sont les masses, et non un dessin au trait, qui déterminent la proportion et la grandeur. Il faut une masse (disons un objet) qui ressorte contre une autre masse (l'espace). Ainsi, pour peindre une grappe de raisins, voyez-la d'abord dans son ensemble: une masse de lumière et une masse d'ombre. Vous pouvez ensuite croquer les grains un à un.

La représentation des ombres. Les ébauches de cette page montrent comment D. Leffel construit son tableau. Il indique d'abord les ombres, parce qu'elles suggèrent la forme et définissent la composition. Pour rendre un objet il faut dessiner son ombre propre et l'ombre portée: peindre les deux ombres comme si elles n'en formaient qu'une seule.

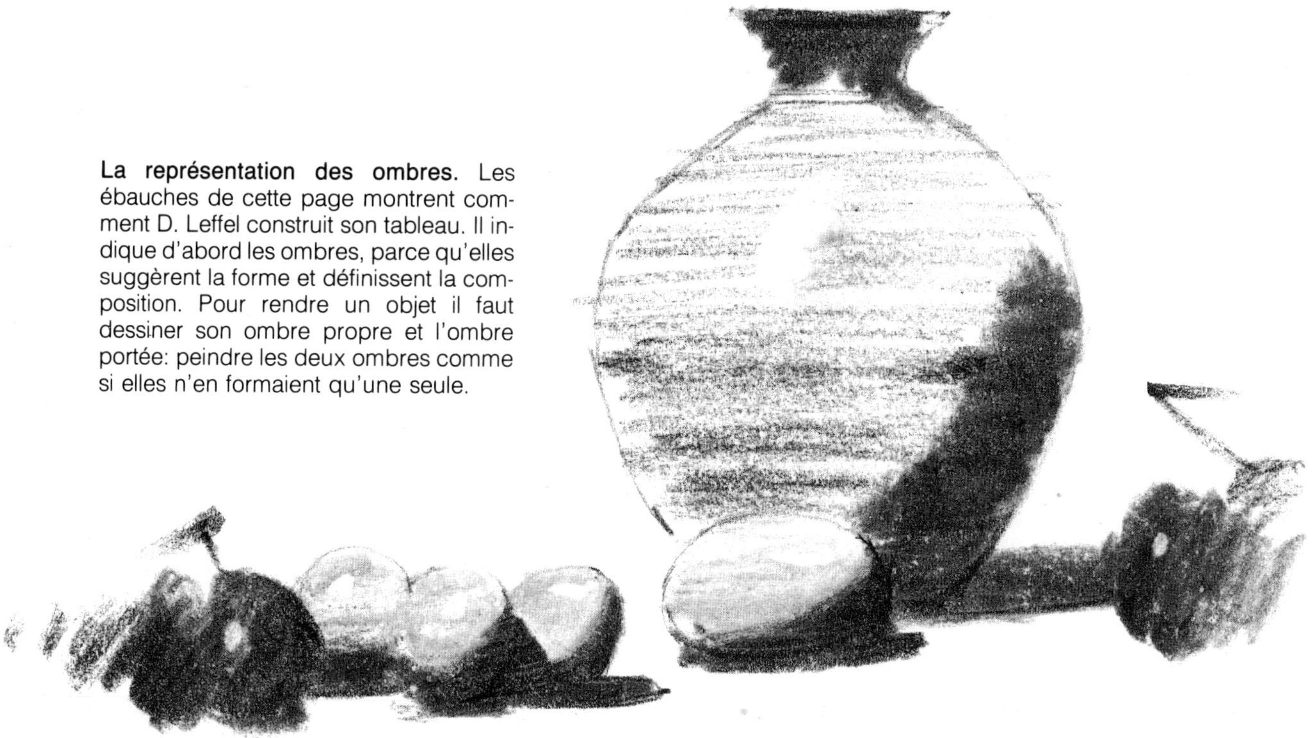

Les reflets. Après avoir groupé les ombres propres et les ombres portées, vous pouvez leur donner de la vie en ajoutant des reflets lumineux. Dans l'exemple ci-contre, ils sont obtenus avec une gomme à effacer.

L'importance des arêtes

Tous les objets sont délimités par leurs formes et leurs arêtes. Sur une toile, ce sont elles qui donnent une impression de volume. Pour David Leffel, qui peint à l'huile, les arêtes présentent un grand intérêt. En les faisant varier, il arrive à créer ses effets de volume.

Tous les objets qui composent votre tableau ont des arêtes intérieures et extérieures. L'arête intérieure d'un objet se situe là où le plan ou la forme s'infléchit. L'arête extérieure indique où l'objet commence ou finit; elle est orientée vers la source de lumière.

De plus, il y a des arêtes vives et douces. Les arêtes vives sont nettes et précises et les arêtes douces sont floues. Les arêtes douces créent la continuité. Plus une arête est douce plus le contour est atténué. Au contraire, les arêtes vives précisent les contours. Plus une arête est vive, plus elle attire l'oeil. Comparez les arêtes des deux détails tirés de la nature morte de la page 41. Pour créer une impression de volume on doit se rappeler que l'oeil est irrésistiblement attiré par les formes précises et nettes. De plus, les arêtes très vives ne peuvent rendre les formes arrondies ou volumineuses, car seuls les objets très minces — comme une feuille d'arbre ou de papier — ont de telles arêtes.

Une arête vive qui s'oppose à un arrière-plan retient automatiquement l'attention. Ainsi, si l'intérêt se situe au centre de la forme, l'oeil oublie les contours et ne retient que l'illusion de forme ou de masse. Il faut donc attirer l'oeil loin des arêtes et lui donner un nouveau centre d'intérêt. Comment y arriver? Vous pouvez éliminer l'arête extérieure en fondant deux couleurs (claire et foncée). Lorsque la lumière frappe une surface, les arêtes sont aussi éclairées que l'intérieur et risquent de devenir un centre d'intérêt. Pour diminuer l'éclat d'une arête très lumineuse, il suffit de pâlir le fond qui lui correspond, c'est-à-dire en diminuer le contraste.

Oeillets dans un pot d'étain. Huile, 30,5 x 35,5 cm. David Leffel. Collection particulière.

Les fonds

Quand David Leffel utilise le mot «fond», il se réfère à un élément esthétique plutôt qu'aux plans d'un tableau. Ainsi, tout ce qui est dans l'ombre et tous les éléments qu'on ne veut pas mettre en relief font partie du fond. Mais pour qu'une partie d'un objet paraisse s'enfoncer dans le tableau, l'autre partie doit donner l'impression de s'avancer vers le spectateur. L'effet est obtenu en fonction de l'ensemble. Lorsque votre fond semble trop coloré ou que les fruits paraissent ternes, essayez d'adoucir la couleur du fond. Les fruits retrouveront du relief et de l'éclat. David Leffel distingue deux sortes de fond, chaud ou froid, par rapport au sujet. Pour un fond chaud, déterminez d'abord la couleur de l'ombre et la valeur de l'élément, ou des éléments, situés au premier plan; puis atténuez cette couleur ou éclaircissez-en la valeur pour peindre le fond.

Pour un fond froid, choisissez la couleur principale de l'ombre et de l'objet; servez-vous ensuite d'une couleur froide, tirant sur le gris, pour souligner les formes arrondies de l'objet. Peignez votre fond de cette couleur pour donner une impression d'espace ou d'air. Pour «refroidir» votre fond, utilisez de la terre d'ombre naturelle ou brûlée avec une pointe de bleu de cobalt.

Composition ambre, rouge et verte. Huile, 46 x 56 cm. David Leffel. Collection particulière.

Le même sujet, des fonds différents

David Leffel aime beaucoup cet ancien vase persan. Il exécute deux tableaux dans des tons différents: l'un orangé et ombre, l'autre aux tons verdâtres. Il voulait étudier l'effet de ces couleurs de fond sur celles du vase. La chaleur de l'orangé d'une part et les bleu-vert d'autre part, font ressortir différentes couleurs dans le vase et mettent les diverses textures du fond en valeur.

Un tapis afghan procure un fond chaud et dense au vase qui se détache dans la lumière. Dans le deuxième tableau, l'éclairage et la texture de la composition mettent en valeur le vase, la tonalité générale étant d'un vert rehaussé d'un peu de rouge et de noir pourpre.

Quand vous commencez un tableau à l'huile, utilisez des couleurs claires et brillantes. Une fois sèches, elles seront plus foncées. Elles retrouveront et conserveront cependant tout leur éclat, si vous appliquez une deuxième couche de la même couleur.

La perception des couleurs est déterminée par l'éducation. On vous apprend très tôt que le gazon est vert et que les prunes sont pourpres. David Leffel vous recommande d'être sensible aux cou-

Vase persan, pommes et tapis. Huile, 71 x 58 cm. David Leffel. Collection particulière.

leurs réelles. Il vous donne aussi quelques conseils quant à l'utilisation de la couleur: essayez de faire vos choix avant de donner le premier coup de pinceau. Il s'agit maintenant pour vous d'accentuer la couleur d'un endroit ou d'atténuer celle d'un autre. Rappelez-vous qu'il s'agit d'un contraste entre la couleur et l'absence de couleur. Pour les couleurs propres aux objets, D. Leffel recommande d'employer les tons les plus riches possible. Dans les parties éclairées, les couleurs doivent être encore plus vives. Si le fond est trop chaud, une touche de jaune de Naples le rendra plus opaque, plus aéré et plus discret tout en mettant le sujet en valeur.

Vase persan, orange et paravent. Huile, 71 x 58 cm. David Leffel. Collection M. et Mme William Spencer.

Peindre d'imagination

Peindre de mémoire. Vous pouvez vous inspirer d'une scène réelle sans être pour autant l'esclave de la réalité et l'interpréter selon votre première impression. Un jour, l'aquarelliste, David Millard est frappé par une collection de bouteilles de marbi (boisson des Antilles), des fruits et des légumes, dans un marché de St-Thomas, mais ne peut les dessiner sur place. Rentré chez lui, il exécute de mémoire le croquis ci-contre, lequel sera à l'origine d'une série de tableaux. Son sujet dépend donc uniquement de sa mémoire plutôt que d'objets disposés pour composer une nature morte.

La lumière et les formes. À l'aide de lavis monochromes, David Millard exécute une étude de valeur des formes et lumières de son premier croquis. Il prépare une bonne quantité d'un mélange d'ombre naturelle, de bleu céruléum et de gris de Davy qu'il applique autour des formes blanches esquissées de mémoire dans son premier dessin. Il ajoute ensuite à ce lavis des touches de mauve et de terre de Sienne brûlée. Au sein de ce monochrome, il veut créer une forme blanche abstraite qui attire le regard.

En quête de couleur. L'artiste dessine de mémoire un nouvel arrangement (ci-dessous) tout en conservant l'essentiel des deux premiers croquis. Pour le fond, il mélange du mauve, du gris de Davy, de la terre de Sienne brûlée et du violet de cobalt. Il teinte l'une des bouteilles en rose doré et applique un lavis dilué de la même couleur que le fond sur les fruits et les légumes. Il ajoute ensuite, humide sur humide, un léger lavis de jaune de Naples et de gris de Davy, de même que du violet de cobalt. Pour la limette, le peintre mélange du jaune de Naples pâle, du gris de Davy et une pointe de vert de vessie; pour les goyaves, de l'ombre naturelle et de vermillon de Chine.

La couleur constructive Dans le dessin ci-contre exécuté d'un trait, David Millard esquisse une structure de l'espace qui donne de la profondeur à sa composition.

Pour le fond, il ajoute de l'eau au lavis de fond de l'aquarelle précédente. Pour les trois piments et la bande étroite à droite, il mélange de la garance brune alizarine et du gris de Davy. On retrouve également cette couleur à la base de la bouteille de droite et sur quelques fruits. Dans le coin supérieur droit, il ajoute du mauve, de la terre de Sienne brûlée et de l'outremer sur le lavis sec. Cette couleur sert aussi à rehausser le fond et les légumes du premier plan.

Une palette de couleurs analogues. Ici, le peintre recrée la lumière pénétrante du soleil de fin d'après-midi. Suivant une progression, les couleurs sont choisies en fonction du point le plus éclairé: blanc, gris citron, jaune indien, ocre jaune et vermillon de Chine, additionné de terre de Sienne brûlée sur le potiron. Il emploie ensuite un mélange de terre de Sienne brûlée et de mauve auquel il ajoute de l'outremer pour la tige et les touches d'ombre autour du petit fruit de gauche déjà peint en rose permanent. Pour les bananes, de la terre de Sienne brûlée, du mauve et du rose permanent. Des violets rosés et des pourpres rougeâtres rehaussent le fond.

Variations sur un même sujet

Pour parfaire votre maîtrise technique. L'exécution d'une série de «paysages de bouteilles» est un bon moyen d'étudier les formes et la lumière en transparence. Cela permet d'observer où et comment la lumière traverse les matières transparentes. Vous apprendrez aussi à mélanger les couleurs de manière à rendre les teintes et les nuances du fond qui apparaissent en transparence dans différentes bouteilles et à placer les touches claires pour rendre la forme des objets de verre. Voici quelques conseils: faites varier vos formes et vos compositions. Superposez une succession de lavis: lavis sur lavis sec, etc. Pour obtenir un effet de transparence, laissez fuser le lavis du fond sur les bouteilles. Servez-vous du blanc du papier pour les rehauts de même que pour les plans et les arêtes les plus éclairés.

Les bouteilles dans les natures mortes. L'éclat et la transparence du verre d'une bouteille de vin ajoutée à une nature morte font ressortir les objets comme le pain ou les pommes. L'étude des «paysages de bouteilles» vous aidera à parfaire la maîtrise de la lumière dans vos natures mortes.

Études de composition, de valeur et de couleur. Ces études sont le fruit d'une recherche calme et intuitive de vieilles bouteilles. Notez comme elles diffèrent dans la composition et les techniques de lavis.

Bouteilles 1. (ci-dessus) Le lavis du fond est fait d'un mélange de bleu céruléum et de rouge clair, avec une pointe de violet de cobalt vers la droite. Quand le lavis est sec, le peintre exécute chaque bouteille différemment. Pour la plus grande bouteille, il applique un lavis d'outremer et de violet de cobalt, humide sur humide, au centre. Pour la bouteille vert foncé, il utilise un mélange de vert de cobalt, de vert de vessie et d'ombre naturelle, additionné de bleu manganèse à la base, tout en réservant des éclats lumineux. Pour la petite bouteille, un lavis de violet de cobalt qui absorbe un peu du plomb du dessin. La bouteille à gauche est en bleu manganèse avec une petite touche de vert de cobalt.

Bouteilles 2. (ci-dessous) David Millard applique un lavis dilué d'ombre naturelle et de gris de Davy sur la feuille entière en réservant les blancs. Pour le deuxième lavis, il reprend celui du fond de l'aquarelle précédente. Dans le coin supérieur gauche, il applique, humide sur humide, un mélange de violet de cobalt, de bleu de cobalt et de noir ivoire jusque sur la grande bouteille. Vers le bas, à droite, il ajoute une tache de bleu manganèse, de bleu céruléum et d'ombre naturelle qu'il applique aussi à la base de la bouteille carrée. Pour la bouteille la plus foncée, il utilise un mélange de vert de vessie et terre de Sienne brûlée et il applique un mélange de violet Winsor et d'outremer sur la bouteille à l'extrême gauche.

Bouteilles 3. (ci-contre) Du côté gauche, le lavis du fond est composé de bleu céruléum et de rouge clair et une teinte vert émeraude est ajoutée dans les bouteilles à gauche. À l'extrême droite, le fond est teinté de vert de vessie et de terre de Sienne brûlée. Des glacis plus foncés de ce même mélange sont appliqués sur les bouteilles 3, 6 et 7. La 5ème bouteille est peinte en outremer additionné de mauve, de noir de fumée et de bleu céruléum. Puis, David Millard ajoute des touches de bleu céruléum pur et de violet de cobalt. La tache d'ombre à l'extrême droite et les rehauts sur la surface gris foncé et froide des bouteilles 3, 6 et 7 sont un mélange de vert de cobalt et d'ombre naturelle.

Bouteilles 4. (ci-dessus) Dans cette étude, le fond est fait d'abord avec un mélange de bleu céruléum et de rouge pâle. Le peintre applique ensuite des lavis très pâles d'outremer, de bleu de cobalt et de bleu cendré, additionnés d'un peu du premier mélange. Les mêmes bleus, de tons plus foncés et atténués ensuite d'une pointe d'ombre naturelle, sont utilisés pour les bouteilles. Les bouteilles les plus foncées sont peintes avec un mélange de vert de vessie, de terre de Sienne brûlée et de noir d'ivoire. Il ajoute finalement deux touches de bleu de phtalo sur la grande bouteille, l'une en-dessous du goulot et l'autre à la base.

Bouteilles 5. (ci-contre) David Millard commence ici avec un lavis de fond extrêmement pâle. Il applique ensuite un deuxième lavis sur toutes les bouteilles, sauf là où il désire des taches de lumière. De gauche à droite: pour la bouteille 1 il utilise un mélange plus foncé de mauve, de terre de Sienne brûlée et de noir de fumée. Les bouteilles 2 et 3 sont peintes avec un mélange de bleu de cobalt, d'ombre naturelle et de vert de cobalt. Ce même mélange est appliqué sur certaines parties des bouteilles 4 et 5 où il ajoute du mauve et de l'outremer à la base du goulot. La bouteille 5 est rehaussée d'outremer et d'un coup de bleu manganèse.

Bouteilles 6. (ci-dessus) Ici, David Millard couvre la feuille entière, sauf les points de lumière, d'un lavis léger de bleu céruléum et de rouge clair auquel il ajoute rapidement du bleu manganèse à droite (sauf sur la grosse bouteille), et un mélange d'outremer, de mauve et de noir d'ivoire, à gauche. Ce même mélange est appliqué sur la bouteille 3 quand les lavis précédents sont secs. Vous remarquerez que le lavis du fond est toujours visible sur les bouteilles 3, 4 et 5. La bouteille rouge est peinte avec du mauve et du rose permanent. Il ajoute du noir d'ivoire sur lequel il applique, humide sur humide, du violet de cobalt. Pour les tons plus foncés, il utilise du violet Winsor et de l'outremer. Pour la bouteille 2, de l'ombre brûlée avec des touches de vert de vessie et de mauve. Remarquez l'ocre jaune dans l'ombre portée de cette bouteille. La bouteille 6 est peinte de lavis successifs bleu de cobalt, violet Winsor et mauve, avec un mélange d'outremer et de violet à gauche, et de laque de garance rose à droite. L'artiste a pris soin de réserver des taches de lumière entre les ombres portées.

Bouteilles 7. (ci-dessous) David Millard prépare une bonne quantité de violet de cobalt et d'orange de cadmium avec une pointe de gris de Davy, qu'il applique sur la feuille entière, sauf sur les bouteilles blanches, le pot à l'arrière et les rehauts de la deuxième bouteille. Il emploie un mélange de mauve et de violet de cobalt sur la bouteille rouge, ajoutant du noir de fumée pour les touches les plus foncées. Un lavis et des touches de terre de Sienne brûlée rehaussent l'ensemble. Sur la grosse bouteille, il applique un glacis de violet Winsor et de noir de fumée auquel il additionne un peu d'outremer pour les touches foncées à la base. À l'aide d'une lame de rasoir, il éclaircit certaines surfaces et crée des jeux de lumières sur sa composition.

Peindre d'après photographie

Georg Shook considère son appareil photographique comme une sorte de carnet de croquis de l'ère spatiale, un moyen facile et rapide d'enregistrer ses impressions visuelles. Mais c'est aussi beaucoup plus: il permet de capter des effets de lumière fugaces et constitue pour l'artiste une aide plus précieuse que les croquis.

Le tableau *Paniers en vitrine* en est un bon exemple. Lors d'une promenade dans Memphis, Georg Shook remarque cette vitrine et est frappé par le jeu de lumière, qu'il sait éphémère, sur les paniers. Il prend aussitôt des photos sous plusieurs angles pour en capter les textures et les tons. En quelques secondes, il dispose de quatre images suivant des points de vue différents.

Après quelques hésitations, il pense que le gros plan serait le plus intéressant à peindre, mais d'une manière personnelle. Pour se dégager des couleurs saturées de la diapositive et donner une interprétation plus personnelle de l'ensemble, il la tira en noir et blanc et en renversa les éléments.

Première étape (page opposée, en haut, à droite). Sur un support cartonné, Georg Shook fait d'abord un dessin détaillé des paniers. Cela lui permet de compléter une partie avant de passer à l'ensemble du tableau. Pour le fond, il emploie un mélange de gomme-gutte, d'ombre naturelle et de terre de Sienne naturelle. Les détails et les ombres sont rendus en terre de Sienne brûlée, bleu de Prusse et brun Van Dyck. Pour les ombres moins soutenues, il utilise du bleu Winsor et de la terre de Sienne brûlée. Il renforce la grande zone d'ombre avec du rouge de cadmium moyen.

Le tableau final. Georg Shook donne une interprétation détaillée de ce sujet, où le jeu des valeurs et les ombres douces de certains détails traduisent l'impression qu'il voulait rendre. Plutôt qu'une imitation de la photographie qui lui a servi de référence, le tableau représente une interprétation personnelle du sujet par le peintre, travaillant *d'après* photographie.

BASKETS

Deux photos, un tableau

Photos de référence. Le peintre veut peindre un tableau floral d'après photographie. Dans ses dossiers, il trouve deux diapositives qui lui conviennent. La première représente un bouquet de marguerites dans un vase de terre cuite. Les fleurs épanouies forment un ensemble attrayant. La seconde représente aussi des marguerites, mais dans un vase en verre où les fleurs à contre-jour et les ombres portées sur le rebord de la fenêtre lui semblent particulièrement intéressantes.

Esquisses préliminaires. (haut de la page opposée). Le peintre commence par dessiner deux esquisses séparées, car son intention était d'en tirer deux tableaux différents. Il s'aperçoit bientôt qu'une composition plus forte peut être obtenue en combinant les deux esquisses en une seule.

Le tableau (page opposée). Le croquis sur le papier est très simple car Georg Shook veut surtout dessiner au pinceau. Il applique d'abord sur la surface de la fenêtre, particulièrement sur la vitre, un lavis bleu de Prusse et brun Van Dyck, créant ainsi un arrière-plan foncé. La brique est peinte en brun d'alizarine et terre de Sienne brûlée alors que le détail des ombres est rendu en bleu de Prusse et brun Van Dyck. Arrivé à ce point, il utilise un cache, évidemment destiné à disparaître, pour réserver le blanc des marguerites.

Sur le rebord de la fenêtre, qu'il souligne de terre de Sienne brûlée pour donner un peu de couleur à cette zone très foncée, il applique un mélange de bleu de Prusse et de brun Van Dyck pour les ombres. Il termine en appliquant un fond de terre de Sienne brûlée additionnée de terre de Sienne naturelle sur le pot de terrre cuite, et un mélange de bleu de Prusse et de brun Van Dyck pour les ombres.

Quant aux fleurs elles-mêmes, une fois le cache enlevé, le peintre utilise du blanc opaque pour les pétales, de l'ocre jaune et de la terre de Sienne brûlée pour le coeur. Pour les ombres, il mélange un peu de gris de Davy avec du blanc ou, dans certains cas, il applique simplement un glacis de gris sur le fond blanc. Enfin, pour compléter les ombres, il ajoute de l'outremer.

Dans ce tableau, les photos n'ont servi que de références pour le détail des ombres, de la lumière et pour d'autres éléments. Le produit final n'est pas une simple copie, mais bien une oeuvre originale, une réponse émotionnelle devant le sujet.

FRUITS ET LÉGUMES

Fruits et légumes sont les éléments de base de toute nature morte. Joseph Dawley, Arthur Stern, David Leffel et David Lyle Millard vous enseignent à peindre ces fruits et légumes que l'on trouve si souvent dans les natures mortes. Nous vous présentons aussi un pain et un poisson. Que ce soit les fruits ou les légumes, ces articles posent le problème de composer des natures mortes avec des denrées périssables.

Voici ce que vous trouverez, entre autres, dans ce chapitre: de précieux conseils sur les formes qui donnent de l'unité à votre tableau, sur la façon d'ajouter des accents clairs et de rehausser votre sujet par de la couleur; comment faire ressortir des figures, des couleurs et des formes séduisantes d'un simple arrangement de pommes de terre et de navets; et comment rendre les feuilles d'une laitue ou l'aspect brillant et granulé d'une pelure d'orange.

Le pain

1. Un pain de ménage à l'ancienne peut être un beau sujet de nature morte. Si vous ne voulez pas travailler avec le pain entier, vous pouvez le rompre ou le couper. La texture du pain peut être difficile à rendre, mais ne vous découragez pas si vous ne réussissez pas la première fois. Joseph Dawley emploie les mêmes techniques de peinture à l'huile pour les deux pains, mais nous ne décrirons ici que son travail sur le pain de seigle de droite. Il commence par une couche d'apprêt contenant du blanc d'apprêt et de l'ombre naturelle. Pour tracer le contour et la mie du pain, il utilise un mélange contenant 95% de blanc et 5% d'ombre naturelle. Sur la croûte, il ajoute un peu plus d'ombre naturelle au mélange précédent. Revenant à son premier mélange, il souligne la partie éclairée de la croûte, à droite, puis y additionne davantage de blanc pour rendre la mie ainsi que la planche à découper sur laquelle est posé le pain. Le fond et l'ombre portée sur l'autre pain, à gauche, sont rendus au moyen d'un mélange contenant 75% de blanc et 25% d'ombre naturelle.

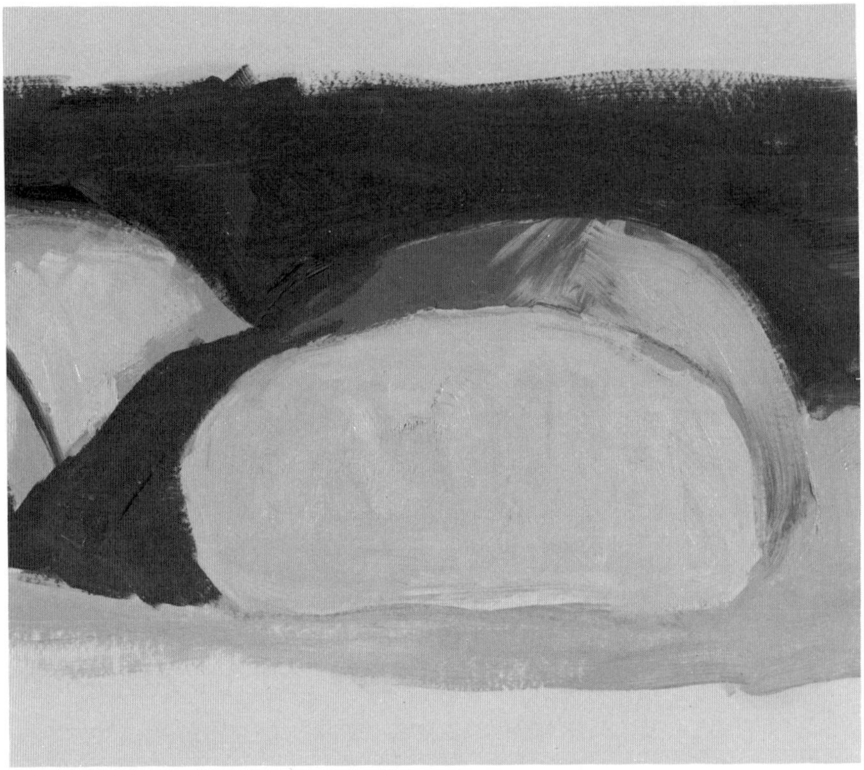

2. Le peintre utilise le même ton pour rendre l'ombre entre le pain et la planche à découper. Il applique ensuite du blanc sur toute la surface de la croûte pour commencer à en reproduire la texture. Puis, il travaille la mie, particulièrement l'arrangement des trous dans le pain. Ces derniers, disposés en arc de cercle, sont représentés au moyen d'une première couche du ton de l'ombre. Sur la partie éclairée, il applique du blanc et dans le fond du trou, le mélange utilisé pour la croûte. Le contour inférieur du trou est rendu en adoucissant cette couleur jusqu'à la teinte de la mie. Pour rendre la texture de la mie, il étend du blanc et du mélange le plus pâle sur la surface du pain.

3. Le peintre mélange maintenant de l'ocre jaune, du bleu de phtalo et de la terre de Sienne brûlée pour obtenir deux bruns, un pâle et un foncé. Il ajoute de nouveaux trous dans la mie. Utilisant un mélange de ces deux bruns, il en applique de légères touches entre les trous, sans toutefois recouvrir la couleur originale de la mie. Pour la croûte, il applique le brun foncé à gauche et l'étend jusqu'au milieu du pain. Cette même couleur souligne d'une bande étroite le contour de la croûte, à droite. Sur le contour plus éclairé, à gauche, il utilise le brun pâle additionné de blanc. Il applique ensuite le brun pâle sur les rehauts au milieu de la croûte et évite de mêler les deux bruns, préférant les faire chevaucher là où ils se rencontrent. Sur la partie éclairée de la croûte, à droite, il étale à petits coups un mélange d'ocre jaune et de blanc.

4. Joseph Dawley ajoute maintenant du jaune de cobalt, de la terre de Sienne naturelle et de l'outremer à sa palette. Il applique ensuite du brun pâle sur *toute* la surface du pain en atténuant les trous et les rehauts. Il rend la texture de la mie en y étalant de petites touches du même brun.

À droite, il souligne le bas de la croûte d'un peu de terre de Sienne naturelle qu'il éclaircit de blanc et de jaune de cobalt vers le rehaut. La texture de la croûte est rendue au moyen d'un mélange de bleu de phtalo, de jaune de cobalt et de blanc. Une fois le fond bien sec, il le recouvre d'une couche de terre de Sienne naturelle et *laisse le tableau sécher complètement.* Il applique ensuite du médium à peindre sur toute la surface du tableau et étend un léger glacis d'ombre naturelle sur le côté gauche de la croûte, et de l'outremer sur la planche à découper et l'ombre portée à l'extrême gauche. Puis il mélange le brun foncé (75% de blanc et 25% d'ombre naturelle) avec du médium à peindre, jusqu'à ce qu'il obtienne une pâte semi-liquide qu'il étale sur la mie, au moyen d'une éponge, en évitant les trous. Enfin, avec du blanc additionné d'un peu de jaune de cobalt et de terre de Sienne brûlée, il crée de petits points lumineux au hasard sur le pain.

Le poisson

Première étape. Une perche rayée. Ce peut être une bonne expérience de faire une nature morte dont le sujet vous oblige à aller vite. Cela vous habitue à ne pas vous attarder trop longtemps sur une peinture. Le poisson est idéal pour cela. Achetez-en un le matin et prévoyez de le faire cuire le même jour. Sachant que vous le mangerez, vous le peindrez rapidement afin qu'il reste frais. La célérité de l'artiste explique, en partie, la belle simplicité de l'ébauche ci-contre.

Deuxième étape. Une perche rayée. La surface brillante d'un poisson offre de belles couleurs au peintre. Ne vous laissez pas décourager par son lustre et ses écailles translucides. Un poisson est aussi facile à peindre qu'une cruche de plastique transparent, une casserole de métal ou une assiette de verre. Cherchez à rendre les grandes taches de couleur sans vous attarder aux détails comme les écailles. Il est probable que cette deuxième étape occupe tout le temps dont vous disposez et sache rendre l'impression que vous voulez donner. (Ce tableau fait partie de la collection de M. William Fotaides).

Une truite arc-en-ciel (ci-dessus). Le corps du poisson, de même que le plat et son ombre, sont peints avec de grandes taches de couleur bien définies. L'artiste, Alexander J. Yow, ne s'attarde pas aux détails, mais se concentre plutôt sur les couleurs de la queue et de son ombre, les subtiles variations dans la teinte du bord foncé de l'assiette et de son ombre. Il a si bien capté le luisant du corps du poisson qu'il nous fait comprendre pourquoi cette truite est dite *arc-en-ciel*.

Quatre sardines. Peindre quatre poissons au lieu d'un seul est certes plus difficile car vous devez travailler quatre fois plus vite pour terminer avant qu'ils ne se gâtent. Il faut de la rapidité et de la précision pour identifier chaque tache de couleur, la mélanger et l'appliquer en quelques coups précis. Peindre la «peau» brillante de ces poissons a été un plaisir pour Don Stern.

Légumes sans feuilles

1. Les légumes lisses, comme tout autre sujet, doivent être rendus de façon convaincante. Si vous décidez de faire vos propres arrangements de légumes, vous découvrirez une variété de compositions, de couleurs, de formes qui feront de légumes lisses des sujets de nature morte agréables et uniques. Ici, Joseph Dawley se contente d'un navet et de trois pommes de terre. Chaque légume a ses caractéristiques propres. Dans le cas du navet, il y a le fondu inégal du pourpre dans le blanc ainsi que les variations de couleur dans le blanc et les taches plus foncées. Les pommes de terre montrent d'intéressantes variations de forme, de taille et de rugosité.

Le peintre couvre d'abord toute la surface de blanc, ce qui a pour effet de modifier la texture et la couleur des couches suivantes. Il esquisse ensuite le contour des légumes avec du blanc mélangé à un peu d'ombre naturelle. Il utilise la même couleur pour les zones les plus densément colorées, de même que l'ombre du navet.

2. Il applique un mélange d'environ 90% de blanc et de 10% d'ombre naturelle sur la partie supérieure du fond, laissant blanche la région sous les légumes pour représenter la nappe. Avec une légère couche du ton clair utilisé au début, il allège les coups de pinceau de la première couche.

Pour mieux définir la forme du navet, il applique un ton plus foncé de la base jusqu'à la partie médiane du légume où elle se perd dans le blanc. Deux points foncés complètent son travail sur le navet pour le moment.

Il étend ensuite de larges taches blanches sur chacune des pommes de terre. Pour rendre leur texture, il fait un frottis de la teinte moyenne puis de la teinte plus foncée, là où la couleur semble plus soutenue, de même que dans l'ombre à la base de chacune. Il se sert de la même couleur pour rendre la rugosité de la peau, comme pour les taches foncées de la pomme de terre de droite.

3. Après avoir bien défini sa composition en tons monochromes, le peintre ajoute du jaune d'ocre, du violet de cobalt, du rouge Vénitien et du noir d'ivoire à sa palette. Il commence par établir un peu de jaune d'ocre sur la partie supérieure du navet, plus particulièrement au milieu, immédiatement sous la racine. Puis il ajoute du violet de cobalt sur la partie inférieure. Des touches de son deuxième mélange de blanc et d'ombre naturelle remplacent les points foncés qu'il avait ajoutés dans la partie blanche à l'étape précédente.

Le peintre rend ensuite la couleur des pommes de terre en appliquant une légère couche de rouge Vénitien sur toute la surface, sauf sur les rehauts blancs. Une petite quantité est fondue dans le blanc pour donner une teinte légèrement rosée. Les taches foncées et les ombres sont rendues à l'aide d'un mélange de jaune d'ocre et de noir d'ivoire. Pour les rehauts des parties rouges des pommes de terre, Joseph Dawley emploie du blanc mélangé à un peu de jaune d'ocre, comme pour la ligne plus claire au milieu de la pomme du centre ou pour les rehauts de celle qui est le plus près du navet.

4. Lorsque tous les éléments sont en place, l'artiste doit fondre et nuancer ses couleurs pour accentuer la texture rugueuse des légumes. Il étale une couche d'outremer sur le fond. Puis, il arrondit la queue du navet. Après avoir fondu du jaune d'ocre dans le blanc, il ajoute un peu de terre de Sienne naturelle au centre du navet, vers la gauche. Le pourpre de la base est ensuite dégradé dans la partie médiane blanche.

Les touches claires et foncées des pommes de terre sont fondues dans les parties rouges. Joseph Dawley rend les reliefs et les ombres avec un mélange de jaune d'ocre et de noir. Il prolonge les ombres à la base des pommes de terre pour en accentuer la forme. Pour les rehauts et les reflets, il mélange un peu de jaune d'ocre et de noir dans beaucoup de blanc. Les ombres portées et les détails de la nappe sont obtenus avec de l'outremer et de l'ombre naturelle.

Les légumes à feuilles

1. Une nature morte de légumes à feuilles peut être difficile à rendre, mais vous devez surtout vous attarder à la position de l'objet et de ses zones d'ombre et de lumière. Vous voulez surtout créer *l'illusion* des feuilles de la laitue qui s'ouvrent en éventail autour du coeur. Pour y arriver, Joseph Dawley utilise une technique un peu impressionniste. Avec un mélange monochrome de blanc et d'ombre naturelle, il esquisse librement les grandes masses de la composition. Avec de la térébenthine, il dilue d'abord sa teinte la plus claire, composée de blanc et d'environ 5% d'ombre naturelle, et l'étend sur toute la surface à peindre. Pour représenter le coeur de la laitue qui servira de référence pour peindre les feuilles, il utilise du blanc. Il emploie ensuite un ton plus foncé de son mélange monochrome pour les ombres des feuilles. Revenant à la teinte la plus claire, il s'en sert pour représenter les feuilles et les surfaces entre les ombres. L'ombre portée à gauche de la laitue est obtenue avec un mélange de 75% de blanc et 25% d'ombre naturelle.

2. Joseph Dawley définit alors plus précisément son sujet en peignant le contour ondulé de la laitue et en atténuant le coeur avec la teinte la plus claire. Pour accentuer le contraste et reproduire l'intérieur de la laitue, il applique une couche de son mélange moyen sur le fond et sur les parties plus foncées du coeur.

Avec la teinte d'intensité moyenne, il rehausse la partie feuillue de la laitue et il applique ici et là des touches de blanc pour créer des zones plus claires. Puis il accentue et définit les zones d'ombre des feuilles. Il utilise le mélange le plus foncé pour rendre la grande ombre à gauche.

3. Le peintre enrichit maintenant sa palette de jaune de cadmium pâle, d'ombre naturelle, de bleu de phtalo et de terre de Sienne brûlée. Pour le vert pâle des feuilles de laitue, il mélange le jaune et le bleu. Il y ajoute ensuite un peu plus de bleu et une pointe de terre de Sienne brûlée pour obtenir un vert plus foncé. Le vert très foncé des ombres est rendu en mélangeant davantage d'ombre naturelle.

Sans tenter de les mêler davantage, le peintre étale ces trois verts par petites touches pour obtenir un effet de flou. Là où il a besoin de lumière, il ajoute une touche de blanc. Une petite quantité de vert pâle est ajoutée à la partie supérieure du coeur dont le ton roux est rendu avec de la terre de Sienne brûlée. Puis il applique de la terre de Sienne naturelle sur le fond. L'ombre portée est obtenue avec de l'ombre naturelle.

4. Joseph Dawley décide maintenant d'ajouter quelques feuilles à la base de la laitue à droite, et dans le coin supérieur gauche. Sa palette s'enrichit de blanc d'apprêt, de jaune de cobalt et de vert émeraude. Il étale le blanc d'apprêt au hasard sur la surface des feuilles tout en laissant les couches précédentes visibles à maints endroits. Il réserve en particulier une grande surface à gauche, où le jeu des ombres est plus important. Quand la couche de blanc devient collante, il y étale du vert pâle obtenu en mélangeant du vert émeraude et du jaune de cobalt. Une fois la toile bien sèche, il en recouvre la surface d'un médium à peindre. Il termine le fond avec un mélange de noir et de terre de Sienne naturelle et souligne l'ombre portée d'un peu d'ombre naturelle et le coeur de la laitue avec de la terre de Sienne brûlée. Il adoucit ensuite les bords de la laitue en les fondant avec le fond au moyen d'un mélange de jaune de cobalt et de vert émeraude. Il avive enfin les feuilles de quelques touches de vert émeraude.

Les agrumes

1. La technique décrite ci-dessous peut être employée pour peindre une orange ou tout autre agrume. La texture bosselée, piquée et luisante de la pelure est rendue au moyen de petites touches en tenant le pinceau verticalement. La peau blanchâtre est un peu rugueuse, sèche et sans éclat. Le peintre cherche donc avant tout à obtenir un blanc terne et atténué par rapport aux rehauts clairs de l'ensemble. La pulpe est composée de petits morceaux humides et translucides regroupés en quartiers. Pour en rendre la surface luisante et inégale, on emploie la technique utilisée pour la pelure.

Le peintre utilise d'abord un apprêt monochrome composé de blanc et d'ombre naturelle dilués avec de l'essence de térébenthine. Il obtient ainsi un ton moyen qu'il utilise pour esquisser le contour de l'orange, la pelure à droite et le contour de la peau blanchâtre. Avec la même couleur, il recouvre légèrement la pulpe et dessine le pourtour de l'assiette. La surface de l'assiette est rendue au moyen d'un ton plus clair du même mélange.

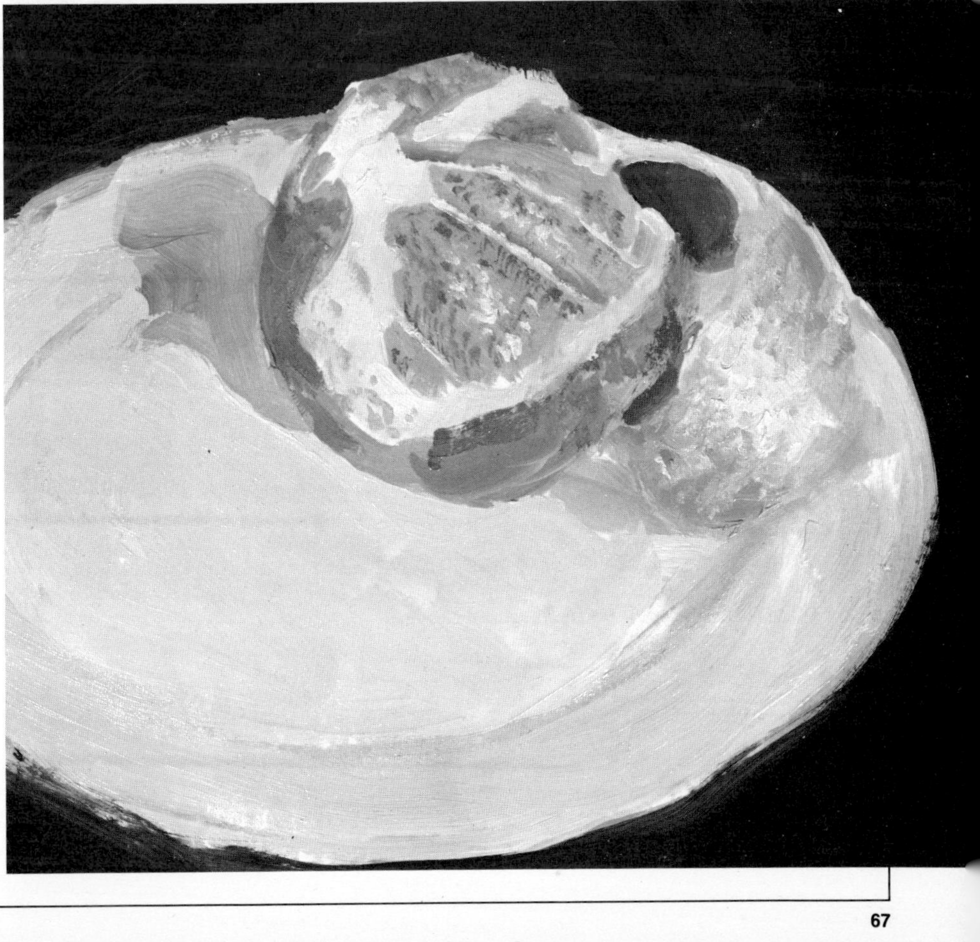

2. Le peintre couvre maintenant toutes les surfaces d'une mince couche de l'un des trois tons de son mélange monochrome: il emploie le ton moyen pour la pelure et le ton le plus clair pour la pulpe. Pour rendre la peau blanchâtre, il ajoute un peu de mélange clair à du blanc. Il utilise enfin le ton le plus foncé pour l'ombre de la pelure à droite. Joseph Dawley veut maintenant rendre la texture de la pelure. Avec un pinceau de 6,35 mm, il étale de petites touches de ton clair sur le ton moyen. Sur la pelure de droite seulement, il peint les rehauts en blanc additionné d'un peu de ton clair. Sur la peau blanchâtre, il ajoute de petites touches de ton clair là où la surface est bosselée (en bas à gauche). Avec la pointe du pinceau, il applique de petites taches de ton moyen autour de la pulpe et sur les bords des quartiers. De petites touches de blanc représentent les rehauts luisants de la pulpe. Le fond est ensuite recouvert du ton foncé.

3. Le peintre ajoute maintenant du jaune de cadmium pâle, de l'orange de cadmium, de l'outremer et du blanc d'apprêt à sa palette. Il mélange le jaune et l'orangé en quantités égales et en étale une mince couche lisse sur toute la surface de la pelure. En raison de l'ombre naturelle qui la recouvrait, il obtient une couleur un peu terne.

Il applique ensuite du blanc additionné de toutes petites pointes d'outremer et de ton clair sur les surfaces blanches de la peau. Pour la pulpe, il compose un nouveau mélange d'orangé et de jaune en y ajoutant plus de jaune qu'auparavant. De petites touches de blanc rendent les taches claires de la pulpe. L'orangé de la pulpe additionné de blanc est utilisé pour la partie claire de la pelure de droite. Au milieu de celle-ci, il ajoute un peu de blanc.

Pour les ombres portées dans l'assiette, le peintre ajoute un peu de bleu au ton moyen du début. Le reflet clair de l'assiette sur l'orange est obtenu en fondant un peu de blanc à la base de l'orange. La surface de l'assiette est peinte avec du blanc additionné d'un peu de bleu. Pour donner plus de force à sa composition, l'artiste dessine un couteau sur l'assiette.

4. Joseph Dawley combine maintenant de l'orange de cadmium, du jaune de cadmium (qui domine) et du blanc; il applique la couleur obtenue sur chacun des quartiers de la pulpe. Il mélange ensuite de l'outremer et de l'ombre naturelle qu'il étale, en les mêlant bien avec l'orangé sur les parties sombres comme les bords et la base des quartiers. De toutes petites touches de blanc sont peintes sur la partie éclairée de la pulpe. Pour les parties les plus claires de la peau, le peintre utilise du blanc avec un soupçon de bleu et de ton clair; pour les ombres de la pelure, un mélange de bleu et de ton moyen.

Joseph Dawley applique maintenant une épaisse couche d'un mélange de jaune de cadmium, d'orangé de cadmium et de blanc sur la pelure. Les rehauts du morceau de pelure sont rendus avec un mélange de blanc et de jaune. Pour les ombres, il utilise un mélange d'ombre naturelle et de bleu. Vous remarquerez que l'ombre est nettement découpée à droite, mais dégradée à gauche. Lorsque la couleur de la pelure est presque sèche mais encore collante, le peintre étale délicatement de petites touches d'ombre naturelle et de bleu, puis il répète l'opération avec un mélange de jaune et d'orangé qui couvre presque toute la surface de la pelure, tout en laissant paraître un peu de bleu et d'ombre naturelle pour créer un effet bosselé très réaliste. Les ombres sur l'assiette et à la base de l'orange, sont rendues avec de l'ombre naturelle et du bleu. Pour l'attache de l'orange, un mélange d'ombre naturelle, de bleu et d'ocre jaune.

Raisins et oranges

L'harmonie des formes. David Leffel a porté une attention particulière aux rapports entre les objets de cette composition dont les formes s'harmonisent parfaitement. Le groupe d'oranges, les raisins et le vase sont des éléments distincts et équilibrés. Avant de commencer à peindre, il est important de soigner la disposition des objets en fonction de leur masse et de leur forme. Dessinez les formes en songeant à leur volume. Faites-en d'abord une ébauche à laquelle vous ajouterez les détails plus tard.

Une nappe d'un blanc pur peut sembler sans rapport avec le reste du tableau. Pour en atténuer l'éclat et mieux l'intégrer à la composition, David Leffel recommande d'y ajouter des touches de la teinte la plus claire du tableau.

Les rehauts. Si un objet vous semble sans forme précise, ajoutez-y un rehaut et il paraîtra tout autre. Lorsque vous ajoutez un rehaut sur une bouteille, laissez-le s'estomper et n'y touchez plus. David Leffel en a placé trois sur la bouteille foncée: l'un sur le bord du goulot, un deuxième à sa base et un troisième sous le goulot. Les rehauts sur une bouteille sont vifs et précis car le verre réfléchit davantage de lumière. Par exemple, à cause de sa texture veloutée, les rehauts sur une pêche sont diffus et flous.

David Leffel recommande d'éviter de placer la lumière au centre d'un objet. La lumière doit d'abord éclairer une arête, puis continuer. C'est *vous* qui décidez de son trajet. La cohésion de votre composition peut être détruite par un éclairage mal rendu.

Nature au tapis de prière. Huile, 51 x 61 cm. David Leffel.
Collection de M. et Mme Peter Stremmel.

Poire et raisins

1. Les quatre étapes de cette peinture à l'huile montrent comment David Leffel, sans trahir son idée originale, en est arrivé au résultat final. Pour produire une impression de mouvement à travers la toile, il dispose les fruits de manière que le regard suive une diagonale du coin inférieur gauche au coin supérieur droit, tout en restant conscient de la position et de la taille de chaque élément. On remarque que les raisins sont d'abord rendus comme une masse compacte.

2. L'idée générale se précise. Le peintre ajoute deux raisins, un gros vers le bas à droite et un petit, en haut à gauche, créant ainsi un rectangle d'or. La poire domine la composition et en demeure le centre d'intérêt.

3. David Leffel précise maintenant la forme des grains de raisins et y place des rehauts dont l'éclat varie de façon à produire une ligne «mélodique». Vous remarquerez que certains raisins forment encore une masse d'ombre.

Poire et raisins. Huile, 28 x 36 cm. David Leffel. Collection de Mme Lois McCune.

4. Dans le tableau fini, les raisins du premier plan, là où le mouvement de la diagonale commence, demeurent groupés en masse informe, tandis que les autres raisins se précisent. La lumière sur la poire, l'élément principal, est accentuée et l'oeil y est attiré par la tige de la grappe de raisin.

Les formes géométriques des fruits et légumes

Premier croquis. Pour ce croquis d'un morceau de potiron, David Millard travaille du centre vers l'extérieur, utilisant une technique qui consiste à encercler au crayon les surfaces éclairées, en dessinant en détail le labyrinthe complexe des graines, de la chair et de l'écorce.

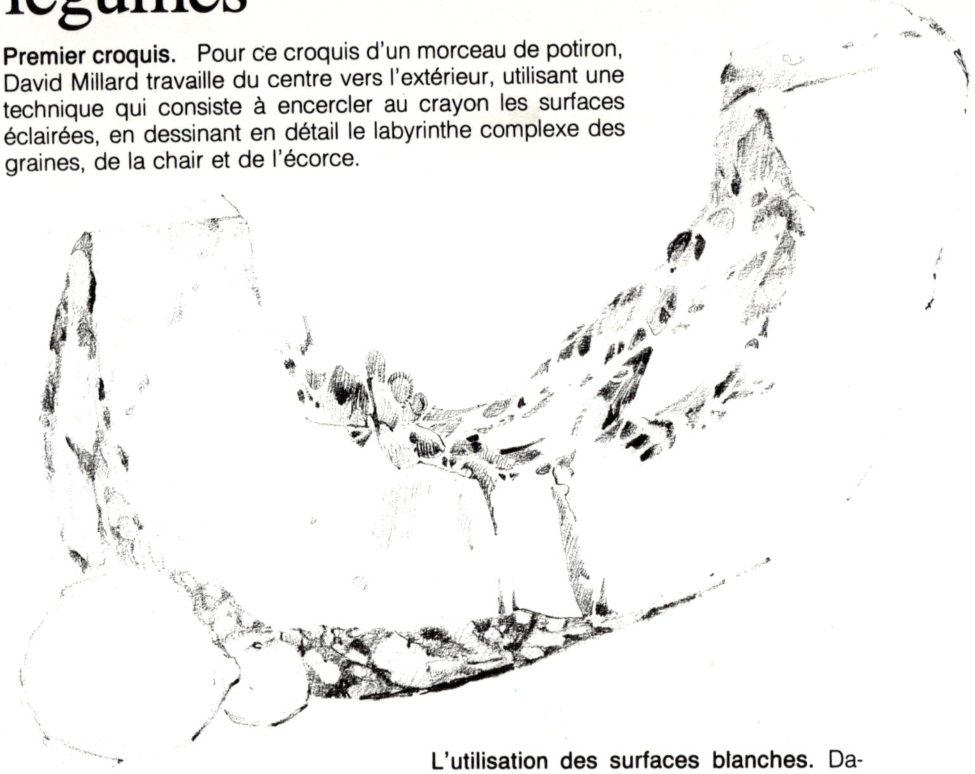

L'utilisation des surfaces blanches. David Millard vous conseille d'expérimenter de nouvelles techniques et de créer vos propres combinaisons de couleurs. Selon lui, il faut d'abord penser et inventer avant de peindre. Ci-dessous dans l'esquisse à l'aquarelle, il substitue le blanc du papier à l'orange du potiron, créant autour des graines un motif en filigrane qui donne de l'éclat à la composition.

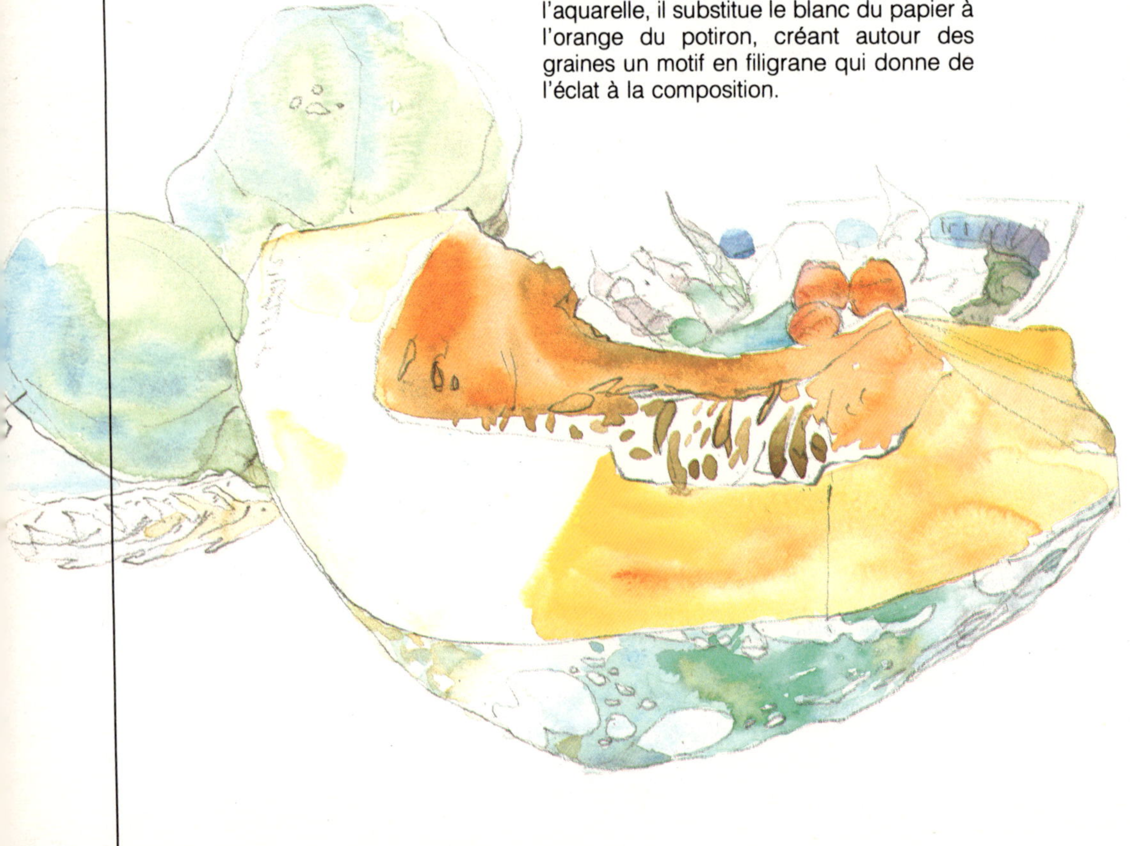

Disposition des plans. (page opposée, en haut, à droite) La surface irrégulière du potiron inspire ici un effet d'estampe japonaise à David Millard. La fragmentation des surfaces ne se limite pas au potiron, mais s'étend à tout le tableau. Le peintre choisit des couleurs qui rappellent les teintures végétales et, parce qu'il travaillait un jour de pluie, il ajoute du gris de Davy à tous ses mélanges. Il prépare un abondant mélange de violet de cobalt et d'ombre naturelle (additionné de gris de Davy) et l'applique partout, sauf sur les gousses d'ail et le bord du bol en verre. Une fois ce premier lavis sec, il en applique un deuxième, composé de bleu cendré et de gris de Davy, sur les ombres et dessine l'effet de tissu du fond. Les rouges sont obtenus en mélangeant du rouge de Venise, du rouge indien et du rouge anglais avec du brun d'alizarine. De même, les bleus et les verts proviennent de mélanges.

Les plans à multiples facettes. (à droite, en bas) Changeant d'idée, David Millard donne plus de relief au potiron. Avec un couteau, il taille celui-ci pour lui donner un tout nouveau jeu de formes fraîches et non-conventionnelles, et de nouvelles couleurs. Vous remarquerez que la composition donne son rythme à l'ensemble. Notez également la discrétion des couleurs secondaires, orangé, vert et lavande ainsi que l'harmonie que l'artiste a su créer entre elles.

La couleur qui rehausse le sujet

Des couleurs inhabituelles. Les orangés et les formes rondes d'un groupe d'oignons ont retenu l'attention de David Millard. Il en profite pour faire de nouvelles combinaisons de couleurs. Il étudie d'abord l'ensemble, en quête d'une structure de base. Trois oignons disposés en cercle, entourés par les autres en arc de cercle, lui semblent intéressants. Il déplace l'oignon à la pousse verte pour que celle-ci forme une diagonale qui attire l'oeil vers le petit cercle de trois oignons.

L'artiste fait d'abord une esquisse en noir et blanc, puis il choisit ses couleurs. Il fait tourner l'oignon placé en bas à gauche et le plus petit au-dessus, pour exposer une portion de pelure brisée et décide d'y placer son centre d'intérêt. David Millard remarque que tous les oignons ont la même valeur et la même couleur. Ainsi, après avoir appliqué des lavis pâles (vert pâle, orangé pâle et ombre naturelle) sur les surfaces exposées des oignons, il concentre ses couleurs les plus fortes sur leur pelure opaque. Il termine ces trois oignons en appliquant de la couleur sur la pousse verte.

Au moyen de lavis très pâles (rose, vert et lavande), David Millard peint les oignons disposés autour des trois premiers. Il laisse sécher, puis il ajoute sur la pelure des touches légèrement plus foncées de rose, lavande, ombre naturelle et vert. Ceci a pour effet de repousser ces oignons à l'arrière-plan. Il termine par des touches plus foncées autour de la pousse et sur les ombres. Le blanc de la nappe est réservé pour faire contraste avec les tons pâles.

Couleur et réalisme. Ce sujet illustre un problème intéressant: comment rendre les formes en appliquant la couleur? Mais David Millard a aussi d'autres soucis: comment faire passer la lumière à travers et à l'intérieur du bol? Comment rendre les riches tons sombres des prunes et des cerises tout en conservant la luminosité de la composition? Il est toujours difficile de reproduire l'image qu'on avait imaginée, mais la réussite dépend de la ténacité. Pour y arriver, David Millard vous donne ces quelques conseils. Premièrement, soignez votre dessin, mais travaillez aussi vite que vous le pouvez. Ayez des traits assurés et spontanés car ils se refléteront dans la composition finale de votre tableau.

Servez-vous de votre imagination. Remarquez comment David Millard a su donner de la luminosité à sa composition au moyen de la couleur. Notez la tache sombre dans le coin supérieur droit qui contraste avec la teinte pâle du bol. Suivez le cheminement diagonal de la lumière depuis les raisins verts jusqu'aux cerises rosées, puis sur le bord du bol jusqu'au petit plat polygonal brillamment éclairé au premier plan, pour s'achever dans les carreaux délavés de la nappe, à droite. Cet éclairage n'existe que dans l'imagination du peintre et l'effet désiré est obtenu en appliquant des teintes plus claires plutôt qu'en épongeant la couleur. Notez finalement comment l'artiste a réservé de toutes petites taches du blanc éclatant du papier (sans jamais utiliser de cache) de même que son traitement aléatoire des arêtes, parfois vives, parfois douces.

LES FLEURS

Les fleurs sont les thèmes préférés de la nature morte. Voici une belle occasion d'étudier avec Charles Reid, un maître dans l'art de peindre les fleurs, à l'huile ou à l'aquarelle.

Il vous apprend comment peindre les fleurs à pétales étroits, larges, rayonnants ou aux formes compactes. Des fleurs aussi différentes que marguerites, anémones et orchidées, de même que des bouquets mixtes et des fleurs séchées.

Ses précieux conseils vous aideront à maîtriser la composition, la couleur et vous inciteront à tenter vos propres expériences.

Le traitement des fleurs à pétales étroits

1. Pour peindre des fleurs à pétales étroits, vous devez d'abord déterminer la forme générale du bouquet en fonction de votre composition. Sur du papier pressé à froid, Charles Reid utilise du jaune de cadmium et du jaune de cadmium pâle pour représenter la forme caractéristique des pétales étroits de forsythia et la masse générale du bouquet. Sur le côté gauche, de la terre de Sienne naturelle migre dans les fleurs parce qu'il peint les tiges sur le lavis encore frais. Il exécute presque tout son bouquet avec ces deux couleurs, ajoutant un peu de terre de Sienne naturelle pour les parties les plus foncées. Quand les jaunes sont secs, il peint les tons foncés des feuilles avec du bleu céruléum additionné d'un peu de jaune de cadmium. Pour le vase, il utilise de l'alizarine cramoisie et du bleu céruléum avec un peu de jaune de cadmium. Il obtient des arêtes vives car les fleurs sont déjà sèches. Le peintre veut donner une forme très définie à son vase mais, comme le papier est encore humide, les bords sont un peu estompés.

2. Charles Reid peint ensuite le mur derrière les fleurs et les objets du premier plan. Avec un mélange d'outremer et de bleu céruléum, additionné de jaune de cadmium et de jaune de cadmium pâle, il ajoute des feuilles vertes dont certaines sont très foncées et d'autres d'un ton moyen. Vous remarquerez les teintes variées de la nappe, peinte une fois que les trois objets et leur ombre portée soient secs. Pour la bouteille d'encre au premier plan, Charles Reid mélange de la terre de Sienne brûlée et de l'alizarine cramoisie tandis que son couvercle est noir d'ivoire et outremer. Il peint le pot de fines herbes en alizarine cramoisie, outremer et jaune de cadmium. Ce sont les mêmes couleurs que celles employées pour la bouteille à droite, mais le mélange contient moins de bleu et plus de jaune pour donner un peu de chaleur.

3. Charles Reid travaille à l'ensemble du tableau (page de droite). Il mélange les couleurs du briquet directement sur le papier en commençant par du bleu céruléum en haut, additionné de jaune de cadmium vers le bas à droite, et réserve une bande blanche au milieu pour le rehaut. Il ajoute une tache de rouge de cadmium pâle, humide sur humide, et peint l'ombre portée en alizarine cramoisie, outremer et jaune de cadmium. Il se sert des mêmes couleurs pour la tasse à gauche, mais réserve le blanc du papier pour la partie éclairée. Le pot de moutarde est peint avec du jaune de cadmium pâle et de l'outremer, la partie la plus foncée se trouvant du côté éclairé.

Le peintre intensifie les couleurs du vase et ajoute un encrier noir à gauche de la tasse pour renforcer la partie inférieure de sa composition. Dans le vide à droite, il ajoute une autre branche de forsythia et une carte postale. Ne voulant pas alourdir ce côté du tableau, il y applique des tons beaucoup plus pâles qu'à gauche. L'intérêt de ce tableau réside dans le contraste entre des masses indéfinies de couleurs et des éléments détaillés, comme les pétales individuels, une heureuse combinaison d'ensembles et de détails.

AUX
Roy

Le traitement des fleurs à larges pétales

1. Ce tableau a pour sujet des lis dits «Richardies d'Afrique». Presque toutes les couleurs des fleurs et des feuilles ont été mélangées directement sur le papier, humide sur humide. Pour que les couleurs sèchent moins vite, Charles Reid travaille sur de petites surfaces à la fois.

Il choisit un papier pressé à froid. Avec un pinceau n° 10, il applique du jaune de cadmium en commençant par l'extrémité élargie du lis de gauche. Il appuie sur le pinceau pour obtenir une belle bande large et peint toute la fleur d'un seul trait. La partie étroite de la fleur est obtenue en appuyant moins fort sur le pinceau. Sur le lavis encore humide, il ajoute une tige de bleu céruléum et de jaune de cadmium qu'il prolonge jusque dans la grande feuille. Pour le côté ombragé du vase, il utilise un mélange de bleu céruléum et d'alizarine cramoisie avec une toute petite pointe de jaune de cadmium. Il peint l'autre lis de la même façon, ajoutant de l'orange de cadmium, humide sur humide, sur la partie la plus étroite. Ce lavis s'étend vers la gauche et rejoint la tige de la première fleur.

2. Utilisant les mêmes couleurs, Charles Reid descend le long du vase et souligne la forme du cendrier. À gauche du vase, il applique de l'outremer pour l'ombre portée sous les feuilles. Il crée un flou sur le cendrier en y ajoutant, humide sur humide, une touche de rouge de cadmium pâle et d'outremer mélangés à du jaune de cadmium. L'ombre à droite du vase, plus sombre et plus froide, est obtenue en ajoutant du mélange bleu. Pour l'ombre sur le côté du bloc, le peintre applique, humide sur humide un mélange d'alizarine cramoisie, de bleu céruléum, d'outremer, d'ocre jaune et de jaune de cadmium. Avec un mélange bleu foncé, il peint de gauche à droite, la bande froide au-dessus du bloc, en commençant près du cendrier jusqu'à ce qu'il rencontre l'ombre du bloc.

3. Charles Reid superpose maintenant un lavis sur la base du cendrier en prenant soin de réserver le blanc du papier pour le bord. Pour l'intérieur du cendrier il utilise un mélange de rouge de cadmium pâle, d'ocre jaune, d'outremer et d'un soupçon d'alizarine cramoisie. Il brise l'uniformité statique du bord blanc avec une tache de couleur. En commençant à la base du lis qui déborde à droite du vase, il peint l'ombre d'un troisième lis avec un mélange de terre de Sienne naturelle et de jaune de cadmium. Se servant maintenant de jaune de cadmium très peu dilué, il applique un lavis autour de l'ombre qu'il vient de peindre. À gauche de l'ombre, une ligne de papier blanc est réservée pour empêcher que les lavis ne se mêlent. Revenant à son mélange de terre de Sienne naturelle et de jaune de cadmium, il peint l'ombre de deux autres lis.

4. Charles Reid superpose un lavis jaune de cadmium pur pour la partie à droite de l'ombre qu'il vient de peindre. Il utilise le même jaune pour les fleurs de droite. Puis il attend que les ombres sèchent. Avec un mélange de jaune de cadmium, bleu céruléum et outremer, le peintre ajoute des feuilles à droite. Les verts se fondent avec l'ombre encore humide du lis du côté inférieur droit. Il éponge certaines parties des feuilles là où elles paraissent trop foncées. Sur le lavis sec, il ajoute une ombre d'un vert plus foncé de la même composition que le premier.

5. L'artiste ajoute d'autres fleurs. Il commence par peindre les feuilles avec un mélange de bleu céruléum et d'outremer additionné d'une touche d'alizarine cramoisie et de jaune de cadmium. Travaillant de haut en bas, Charles Reid peint le côté gauche de la feuille supérieure. Puis il applique un second lavis d'un vert plus clair sur la feuille, en réservant une étroite bande de papier blanc au milieu. L'autre feuille est peinte de la même façon, mais sans laisser de blanc. Quand le lavis est sec, il superpose un lavis plus foncé pour mieux définir la forme de la feuille. Il utilise un lavis composé de jaune de cadmium, de terre de Sienne naturelle et d'orangé de cadmium pour peindre la fleur foncée à gauche. Puis, il laisse sécher la fleur jaune du bas avant d'y ajouter des ombres. Les tons foncés dans les fleurs du haut sont obtenus avec le même mélange de jaune de cadmium, terre de Sienne naturelle et orange de cadmium.

Les fleurs aux formes pleines

1. Si vous ne trouvez pas de fleurs naturelles, vous pouvez peindre une nature morte d'après des fleurs artificielles qui ont au moins l'avantage de ne pas faner. Dans ce tableau, Charles Reid utilise les couleurs et les nuances pour rendre les formes pleines de fleurs de soie. Sur du papier pressé à froid, il esquisse d'abord le contour des fleurs au crayon. Puis, il applique un léger lavis d'alizarine cramoisie, d'outremer et de bleu céruléum mélangés sur la palette. Des taches de couleur sombre s'accumulent dans la partie inférieure des pétales. Il travaille soigneusement autour des formes des fleurs blanches, puis il laisse des pourpres plus foncés se disperser dans leur ombre pour créer une transition entre ces deux parties. Avec un mélange de bleu céruléum et de jaune de cadmium, il peint quelques feuilles pâles. Avec un lavis pourpre très pâle, il continue à travailler autour des fleurs blanches. Il veut conserver des contours doux sans perdre la forme des fleurs blanches. Remarquez la combinaison d'arêtes vives et douces et le jeu des teintes dans le vert des feuilles.

2. Des fleurs et des feuilles, de même que des teintes plus foncées dans les parties déjà peintes sont maintenant ajoutées. La teinte des fleurs rose pâle est obtenue à partir d'alizarine cramoisie à laquelle le peintre mélange un peu d'orange de cadmium et de jaune de cadmium pour donner un peu plus d'éclat. Il augmente le nombre des fleurs pourpres avec un mélange d'alizarine cramoisie et d'outremer et utilise du vert de vessie mélangé à un peu de jaune de cadmium pour les parties vert foncé. Pour mettre les fleurs pâles en valeur, il peint le fond d'un brun chaud composé d'orange de cadmium, de terre de Sienne naturelle et de jaune de cadmium. Avec un lavis plus foncé, il accentue la couleur des fleurs pourpres. Les fleurs de gauche ne sont rehaussées que de quelques touches plus foncées qui laissent transparaître les premiers lavis près des fleurs blanches. Plutôt que d'esquisser leur contour, Charles Reid applique de petites touches de couleur foncée tout autour. L'artiste se concentre maintenant sur l'arrière-plan et sur le pot qui contient les fleurs, posé sur une bibliothèque devant un panneau d'affichage. Il ajoute quelques cartes postales pour équilibrer sa composition et donner plus d'importance au coin supérieur gauche. Le joli gris du panneau du fond est obtenu avec un mélange d'outremer, d'alizarine cramoisie et de jaune de cadmium. L'ombre sous le panneau est composée d'outremer et d'orange de cadmium, couleur qui se retrouve jusque sur la partie supérieure du pot. Pour le reste du pot, le peintre utilise un premier mélange de bleu céruléum et d'orange de cadmium, puis de l'outremer et du jaune de cadmium mélangé à de l'alizarine cramoisie. Il ajoute ensuite l'inscription sur le pot à conserves avec de l'outremer, de l'alizarine cramoisie et du jaune de cadmium.

3. À ce stade du tableau, le peintre ajoute des objets au premier plan. Il utilise de la terre de Sienne naturelle sur le petit pot à épices dont il soigne particulièrement la forme et la teinte. La partie claire du pot est le résultat d'un heureux accident. Charles Reid peint le deuxième pot de la même façon en utilisant moins de terre de Sienne naturelle. Pour les ombres portées, il utilise le même lavis additionné d'outremer et d'alizarine cramoisie. Pour les tons plus foncés, il ajoute un peu plus de terre de Sienne naturelle.

Le peintre continue de travailler le premier plan en ajoutant des papiers et un ou deux objets sur le dessus de la bibliothèque. Le dessus du meuble est plutôt luisant et réfléchit la couleur des objets qui s'y trouvent. Avec de la terre de Sienne naturelle, il peint la réflexion sous le pot à épices et la laisse sécher avant de continuer à gauche. Les papiers sont rendus au moyen d'un mélange d'outremer, d'alizarine cramoisie et d'un peu de jaune de cadmium. Le peintre fait varier les teintes autour des papiers et éponge certaines surfaces pour les pâlir. Avec les mêmes couleurs, il peint une petite poupée dans le coin droit. Sous la poupée, une tache verdâtre d'outremer et de terre de Sienne naturelle. En séchant, la réflexion sur la bibliothèque crée une arête nette là où un lavis de bleu céruléum et alizarine cramoisie rencontre le premier. Le peintre applique ce lavis à gauche et l'utilise pour représenter le devant de la bibliothèque où il ajoute, humide sur humide, un peu de terre de Sienne naturelle. Le lavis est appliqué par petites touches, laissant une grande partie du papier blanc.

Les fleurs à pétales rayonnants

1. Pour peindre des fleurs telles que des marguerites, il faut d'abord les percevoir comme une masse de fleurs plutôt que de s'arrêter aux pétales individuels. Charles Reid commence ce tableau en étalant de petites touches nettes de vert foncé vers le haut autour de la marguerite du centre. Il utilise d'abord du vert de vessie auquel il ajoute ensuite un peu de jaune de cadmium et de rouge de cadmium pâle. Il adoucit le contour des pétales de gauche en épongeant la couleur avec un papier absorbant. Puis il continue à peindre autour de la fleur avec un mélange de bleu céruléum, vert de vessie et jaune de cadmium pâle. Pour le côté droit de la fleur, il utilise de l'alizarine cramoisie et du bleu ceruléum.

2. Pour la bruyère au-dessus de la fleur du haut, il éclabousse de petites taches d'un mélange d'alizarine cramoisie, de vert de vessie et de jaune de cadmium pâle. Vous remarquerez l'aspect moucheté des petits coups de pinceau. Il peint ensuite l'ombre portée des fleurs avec un mélange de bleu céruléum, alizarine cramoisie et un peu de jaune de cadmium. Le fond est peint en bleu céruléum sur le papier humide. Dans la marguerite de gauche, il ajoute un coeur jaune vert foncé qui se mêle au fond encore humide. Après avoir mouillé les fleurs à l'eau claire, il y peint des ombres très douces. Pour le vase, une partie du fond et l'ombre portée, il applique, humide sur humide, un lavis composé d'outremer, d'alizarine cramoisie et d'ocre jaune. Il utilise les mêmes couleurs sur le pot de crème et le bocal de gauche, réservant le blanc du papier pour les parties éclairées.

3. Le peintre applique maintenant sur le fond (page de droite) un lavis très léger d'outremer, d'alizarine cramoisie et d'ocre jaune. Pour la partie supérieure du pot au premier plan à gauche, il utilise du vert de Hooker foncé additionné de rouge de cadmium pâle. Le côté droit du bol à droite est peint en jaune de cadmium et le côté gauche en ocre jaune où se retrouve un peu du mélange d'outremer, d'alizarine cramoisie et d'ocre jaune.

4. Au stade final, Charles Reid ajoute une chope bleu foncé contenant plumes et crayons. Il peint la chope avec un mélange d'outremer, d'alizarine cramoisie et d'ocre jaune. Sans laisser sécher, il ajoute le crayon en orange de cadmium additionné d'un peu d'ocre jaune. Les plumes sont en noir d'ivoire. Sur la table, il applique des lavis d'outremer, alizarine cramoisie et ocre jaune. Puis, à l'aide d'un pinceau rond n° 6 en poils de martre, il peint les lettres sur le pot de moutarde. Vous aurez remarqué que pour ce tableau, Charles Reid utilise une palette limitée mais que grâce à des mélanges judicieux, il obtient une multitude de couleurs et d'effets.

Les formes compactes

1. Dans cette composition inhabituelle, Charles Reid montre un iris bleu qui se détache de la masse compacte du bouquet. Il omet la base du vase pour concentrer l'attention sur les fleurs. Après avoir complété son dessin sur du papier pressé à froid, il commence tout de suite à peindre l'iris à l'aide d'un pinceau rond n° 8 en poils de martre. Utilisant un lavis pourpre composé d'outremer et d'alizarine cramoisie, il espère terminer le plus possible l'iris du haut. Sans soulever son pinceau, il suit le tracé de l'iris vers le bas à gauche, puis continue autour et à l'intérieur du pétale inférieur au milieu. Il peint ensuite les deux pétales de droite sur lesquels il ajoute un peu de jaune cadmium pâle. Le vert des tiges est obtenu avec du vert de vessie et du jaune de cadmium pâle. Il peint la tige pendant que les pétales sont encore humides, de sorte que les couleurs se fondent là où elles se rencontrent. Pour la tache bleu pâle à la base de la tige, il utilise du bleu céruléum. Charles Reid esquisse un autre iris, puis il introduit une masse importante de jaune à son bouquet, tout en précisant la forme de certains pétales sur les bords. Pendant que ce lavis est encore mouillé, il peint la tige avec du vert de vessie et du jaune de cadmium, ajoutant une pointe de rouge de cadmium vers le bas, pour donner plus de chaleur au vert. Avec le même mélange, il dessine quelques tiges délicates et fonce certaines régions des fleurs jaunes.

2. Le peintre ajoute maintenant des fleurs jaunes et un iris, tout en modifiant çà et là les tons clairs ou foncés des couleurs. Il réserve de petites surfaces de papier vierge pour empêcher les couleurs de se fondre complètement. Il ajoute du pourpre foncé sur l'iris du centre et, poursuivant son trait vers le bas, il commence la forme délicate de la tige qu'il peint ensuite avec du vert de vessie et du jaune de cadmium. Il ajoute de nouvelles fleurs en jaune de cadmium et peint l'autre tige, près du haut du vase, avec son mélange vert additionné d'une pointe de rouge de cadmium.

3. Le peintre continue d'ajouter des fleurs jaunes. Pour obtenir des arêtes vives et des tons bien définis, il s'assure que le papier est sec. Il accentue le jaune de cadmium en le mélangeant avec très peu d'eau et applique de la terre de Sienne naturelle, humide sur humide, pour définir la forme des fleurs. Il ajoute ensuite du vert, composé d'outremer et de jaune de cadmium, sur la fleur du bas dans l'ombre, et peint d'autres fleurs, à droite. Observez les différences de tons et de couleurs des fleurs. Dans le haut, la couleur des tiges humides a fusé sur les fleurs alors que la partie inférieure s'enrichit d'un jaune de cadmium intense. Les autres surfaces jaunes restent plus claires pour créer des écarts de valeurs et de tons. C'est maintenant le moment de passer au fond. Ayant donné dès le début une valeur sombre au ton de l'iris, Charles Reid ajoute d'autres tons sombres à son tableau, en mélangeant plusieurs couleurs. Certains d'entre eux suggèrent un vert neutre alors que d'autres sont d'un vert gris plus chaleureux qui tourne au bleu près de la fenêtre. Il évite de trop assombrir ses teintes, car il désire une couleur *relativement* plus foncée que les fleurs, mais sans plus. Les touches autour des fleurs ne sont pas non plus vraiment foncées. Puis il continue par l'ombre sur le vase plutôt que d'appliquer un léger lavis de fond sur lequel d'autres lavis se superposent pour rendre la partie ombragée. Cette ombre s'étend ensuite en dégradé sur la partie éclairée. Il applique enfin un lavis très léger, composé d'alizarine cramoisie et de bleu céruléum, sur la partie éclairée du vase, réservant une bande de papier vierge pour en définir le bord supérieur. Le tableau est maintenant laissé à sécher.

4. Pour terminer son tableau, Charles Reid peint le châssis de la fenêtre, y compris les parties qui seront plus tard recouvertes de lavis plus foncés. Travaillant de droite à gauche en contournant la tasse à droite du vase, il applique un lavis d'alizarine cramoisie et bleu céruléum avec une pointe de terre de Sienne naturelle qu'il accentue vers la gauche. Il ajoute ensuite un lavis d'alizarine cramoisie et de bleu céruléum sur la tasse, en réservant du blanc pour le bord supérieur. Une teinte plus sombre des mêmes couleurs rend l'ombre sur la tasse. Puis, utilisant les mêmes couleurs que pour la partie éclairée, il peint la partie ombragée du châssis de la fenêtre. Il peint enfin les autres objets. Les gris froids sont obtenus avec de l'alizarine cramoisie et du bleu céruléum, alors que les verts sont un mélange de bleu céruléum et jaune de cadmium pâle.

Les anémones

1. L'anémone blanche est celle qui ressort le plus dans cette composition et Charles Reid en fait son centre d'intérêt en espérant qu'il saura placer sa forme au bon endroit. Il commence cependant par appliquer une mince couche de tons sombres. Il ne faut jamais essayer de peindre une valeur claire contre un ton pâle, sur une toile ou un papier blanc. Posez toujours les tons foncés d'abord.

Observez la forme de l'ombre sur le vase. Le peintre préfère ignorer la lumière réfléchie sur le vase, de même que sa texture, et s'en tient à une ombre simple et monochrome. À ce stade, il ne veut voir que l'essentiel. Remarquez la ligne qui relie les fleurs au vase d'un côté et le bord du vase de l'autre. Réfléchissez toujours en fonction de l'ensemble du tableau. Charles Reid se demande maintenant ce qu'il fera du grand espace vide autour du bouquet d'anémones.

2. Le peintre travaille sur un panneau d'aggloméré recouvert d'un enduit de plâtre. (L'aggloméré est une surface glissante. On aime ou on n'aime pas.) Charles Reid utilise un médium en gel, car il permet avec l'huile un meilleur contrôle que sur l'aggloméré.

Au cours de son travail, Charles Reid constate, sans toutefois s'en inquiéter, que la terre de Sienne brûlée, l'ombre naturelle et l'ombre brûlée ont tendance à se mélanger aux pourpres et aux verts des fleurs. Il est important de développer les couleurs générales d'un tableau et on y parvient facilement en posant les mêmes couleurs sur des surfaces adjacentes.

3. Toutes les surfaces sont maintenant couvertes. Le peintre ajoute un reflet sur le vase en s'assurant qu'il n'est pas aussi clair que la partie éclairée du vase. La table semble s'enfoncer dans le tableau et son brun tourne au pourpre dans certaines parties, au vert dans d'autres. Les valeurs aussi changent un peu. Mais n'abusez pas de ces changements de couleur et de valeur car vous pourriez gâcher la tonalité de l'ensemble. Charles Reid n'est pas satisfait du livre blanc, mais décide de ne plus retoucher son tableau. Comme beaucoup d'autres artistes, il n'est jamais complètement satisfait de son travail et voudrait toujours y changer quelque chose.

Nature morte simplifiée

1. Charles Reid à voulu rendre ce petit bouquet de dames-d'onze-heures tout simple, avec quelques couleurs appliquées en larges aplats. Il fait d'abord une esquisse au crayon de plomb sur du papier pressé à froid. En mélangeant du jaune de cadmium et du bleu de céruléum, il obtient le vert frais de la feuille qu'il peint d'un seul trait. Il travaille ensuite autour de ce qui deviendra l'une des fleurs: il applique de l'outremer sur la boîte, en réservant le blanc du papier pour le lettrage, et laisse sécher le lavis avant de peindre l'étiquette en terre de Sienne naturelle et jaune de cadmium. Il définit ensuite les fleurs avec un lavis très léger d'alizarine cramoisie, de bleu céruléum et d'ocre jaune.

Sous les fleurs, une tache vert de vessie et rouge de cadmium pâle déborde sur le vase, où elle se teinte de plus de rouge. Sur le haut du vase, Charles Reid réserve un rehaut blanc à gauche, et ajoute une touche de bleu céruléum en guise de reflet lumineux, à droite. Le gris froid du pichet à eau est un mélange d'alizarine cramoisie, de bleu céruléum et d'ocre jaune. Quand le lavis est sec, l'artiste peint le bord supérieur et l'intérieur du pichet d'une teinte plus foncée. Puis, il superpose un lavis plus foncé sur le côté gauche, réservant une tache du premier lavis pour créer un rehaut. La partie en «L» de la table est orange de cadmium et terre de Sienne naturelle.

2. Le peintre ajoute ensuite la partie de la table à droite du vase. Il y applique un lavis de terre de Sienne naturelle, auquel il additionne un peu de rouge de cadmium pâle pour le haut, puis du bleu céruléum pour le bas. Il ajoute de l'alizarine cramoisie, humide sur humide autour de la diapositive. Au lieu de continuer dans le vase et son ombre portée, il laisse des arêtes vives entre les lavis.

Charles Reid termine la table en appliquant ses couleurs humide sur humide. Il peint autour du livre avec de la terre de Sienne naturelle et un peu d'orange de cadmium, laissant les contours bien nets. Avec les mêmes couleurs et valeurs, il peint le vase et son ombre portée. Les arêtes vives et le contraste trop marqué entre le haut et le bas du vase sont atténués avec du rouge de cadmium et du vert de vessie sur la partie supérieure gauche. Le gris du livre est un mélange de rouge de cadmium pâle et de vert de vessie. Le peintre mélange du bleu céruléum et du jaune de cadmium pour la deuxième feuille et le moulin à sel transparent derrière la cruche.

3. À l'aide d'un pinceau propre mouillé, Charles Reid éclaircit plusieurs pétales. Puis, après avoir bien épongé son pinceau, il repasse sur les mêmes surfaces jusqu'à ce qu'elles soient suffisamment claires. Sur la couverture du livre, il applique dans un premier temps, un lavis très dilué d'ocre jaune et d'orange de cadmium, sur lequel il superpose un lavis bleu de cobalt quand le premier est sec. Le lettrage est rendu avec un mélange de vert de vessie et de rouge de cadmium pâle. Charles Reid peint ensuite le pot de moutarde en haut à gauche, derrière les fleurs, avec du bleu céruléum additionné d'alizarine cramoisie. Sur la partie supérieure, il ajoute un peu d'ocre jaune pour refroidir sa couleur. Puis il ajoute le lettrage et les bandes sur le lavis sec. Revenant aux fleurs, il ajoute les ombres portées (bleu céruléum, alizarine cramoisie et jaune de cadmium pâle) et la couleur sur les centres (orange de cadmium et ocre jaune). Enfin, il atténue et adoucit les arêtes de plusieurs pétales.

Les fleurs séchées

1. Charles Reid ne dessine qu'un croquis sommaire pour indiquer la position relative des objets de sa composition et commence à établir de grandes taches de couleurs. Sa peinture a une consistance comparable à celle de l'aquarelle, car il utilise de l'essence de térébenthine comme diluant. Le peintre fait varier ses couleurs, mais conserve des valeurs semblables. Les tons moyens vont dominer sa composition.

Le peintre couvre le plus possible le blanc de la toile en appliquant simultanément les couleurs de ses différentes surfaces. S'il avait peint des fleurs risquant de se faner, il s'y serait sans doute arrêté en premier, mais pas avant d'avoir peint une bonne partie des surfaces qui les entourent.

2. La toile est presque entièrement couverte maintenant et le peintre concentre son travail sur certaines parties de sa composition. Il reprend sa technique habituelle, car il désire une pâte plus épaisse. (Attention! ne laissez pas vos huiles devenir trop épaisses, car elles seront plus difficiles à manier.) À ce stade, Charles Reid accentue ses couleurs. Remarquez la quantité de jaune qu'il applique sur la table. Le pot blanc qui se trouve dans l'ombre est peint d'un gris très froid. Pour obtenir de beaux gris, Charles Reid recommande d'éviter les mélanges de noir et de blanc et de prendre plutôt l'habitude de mélanger des couleurs complémentaires. Observez comment le peintre relie les surfaces de mêmes valeurs: le bouquet et le fond d'une part, le vase et son ombre portée d'autre part, sont peints de couleurs et de valeurs très semblables.

3. Charles Reid définit maintenant plus précisément les objets. Il sépare les surfaces individuelles, mais laisse les valeurs identiques se fondre. On remarque par exemple, que les fleurs se mêlent à l'arrière-plan, à gauche du vase, et que la boîte de céréales jaune et son ombre portée sont de couleur et de valeur très similaires. Deux ou trois taches de couleur rendent les centaines de bourgeons et de tiges du bouquet. Il est plus facile de percevoir les ombres et les lumières s'il n'y a qu'une source lumineuse. Dans ce cas, elle vient de l'arrière, en haut, et éclaire le bouquet à contre-jour laissant la plupart des fleurs dans l'ombre. La partie la plus éclairée est la masse dorée au sommet du bouquet. Les fleurs séchées, à sa gauche, reçoivent le même éclairage, mais elles sont d'une teinte plus foncée.

4. Le peintre définit davantage sa composition. Il ajoute des détails, accentue les contrastes et indique les endroits où il veut reproduire des rehauts et des reflets. Il ajoute des ombres et lumières à son bouquet et peint une arête vive là où le vase rencontre les feuilles foncées. Malgré l'addition de nouvelles formes, les valeurs demeurent les mêmes.

5. En terminant sa toile, le peintre place avec soin les teintes les plus foncées là où elles donnent de la profondeur et du relief à sa composition et attirent l'oeil du spectateur. Ainsi, l'étiquette noire, en haut à droite, fait ressortir les fleurs et renforce cette partie du tableau. D'autres touches foncées, dans le coin supérieur gauche et sur les bouteilles, attirent l'oeil vers le vase puis, sur le petit plat au premier plan. Charles Reid s'est surtout attardé à la structure de ce tableau, peignant formes, couleurs et valeurs plutôt que les objets individuels. Certains artistes préfèrent peut-être un réalisme plus poussé, alors que d'autres veulent donner une impression libre et spontanée de leur sujet. Il est important que chaque artiste s'exprime selon son style personnel.

Les orchidées

1. Habituellement, Charles Reid fait les croquis préliminaires de ses huiles avec un pinceau en soie de porc à long manche n° 4 ou un pinceau plat n° 6. Ici, toutefois, il utilise un crayon 2B. (On peut aussi faire un croquis au fusain, mais il faut alors épousseter le dessin avec un chamois ou un linge). Le peintre commence par définir les grandes surfaces de couleurs foncées sans s'inquiéter de couvrir son dessin. Il cligne des yeux pour percevoir toutes formes foncées comme une grande masse qu'il peint ensuite.

2. Charles Reid entreprend maintenant de relier entre elles les zones sombres . Il fait de même pour les zones claires. On remarque par exemple, que les fleurs et la fenêtre sont peintes de la même couleur et de la même valeur. Des différences apparaîtront plus tard, mais pour l'instant, Charles Reid ne s'attarde pas aux nuances et s'en tient à une peinture légère. Il laisse se mélanger les couleurs avoisinantes de même valeur. Ainsi, les rouges de la soucoupe en terre cuite se mêlent aux couleurs froides du pot. Le but de l'artiste était de regrouper les surfaces adjacentes sans changer la valeur des couleurs.

3. Charles Reid effectue maintenant beaucoup de changements dans son tableau. Pour lui, peindre est une activité dynamique qui exige des ajustements constants. Par exemple, le pot à fleurs est beaucoup plus pâle et les verts froids de la table sont devenus des bruns chauds et plus foncés. En peignant, il faut garder en tête l'ensemble du tableau. Toute modification de couleur et de valeur dans une partie exige des retouches dans les autres parties. Si par exemple, vous changez la couleur d'un pot à fleurs, ou sa valeur, vérifiez si les surfaces avoisinantes ont besoin de retouches.

4. Ce que l'on voit ici est un «diagramme de couleurs» par lequel le peintre définit les combinaisons de couleurs qu'il veut utiliser pour terminer son tableau. Il emploie un nombre restreint de couleurs qu'il mélange dans des proportions variées et qui apparaissent dans tout le tableau. Dans le coin inférieur droit, on voit ses mélanges de couleurs de base.

5. En comparant le tableau fini avec l'étape précédente, on voit que Charles Reid a voulu préciser sa composition. Bien que l'ensemble des couleurs et des valeurs relatives aient déjà été bien établies, il fait de petites retouches pour rendre l'ensemble plus fluide. Il précise les contours et rend plus vives les arêtes des objets qu'il veut mettre en valeur.

Comparant de nouveau le tableau fini avec l'étape précédente, on remarque des surfaces où le peintre a utilisé les tons chauds de sa palette de base et d'autres où ils deviennent plus froids. Il ajoute une tasse à café à droite, parce que l'espace à cet endroit paraissait vide. Du côté gauche, il dessine un cendrier et déplace la croisée de la fenêtre derrière la bouteille pour animer davantage sa composition. En peignant des fleurs, l'un des problèmes majeurs consiste à maintenir l'équilibre entre une représentation trop ou trop peu précise. Si on définit les fleurs trop précisément, on perd la texture douce qui les caractérise. Peut-être souhaiterez-vous préciser les fleurs davantage que ne l'a fait Charles Reid. Mais soyez prudent, car des pétales et des feuilles aux arêtes trop nettes prennent un aspect rigide.

Fleurs de cuisine

1. Charles Reid perçoit les natures mortes de façon abstraite, comme un équilibre de grandes taches claires et sombres. C'est ce qui constitue une composition. La disposition des objets individuels n'est pas aussi importante que la définition des surfaces claires et sombres. Au début de ce tableau, tous les éléments semblent reliés: la fenêtre en haut à gauche, est en continuité avec le placard et forme avec elle une grande tache d'un ton moyen qui traverse le haut du tableau. En diagonale, sous la fenêtre une autre tache sombre est composée par le placard sous le plan de travail. Le peintre établit d'abord les surfaces sombres, sans toucher aux parties claires.

2. Après avoir couvert toute sa toile, le peintre fait de nombreux changements. Vous le savez sans doute, il est très difficile de juger les valeurs au début d'un tableau. Dans ce cas précis, il a fallu en plus résoudre ce problème ardu: peindre la fenêtre et le paysage extérieur avec la même précision que l'intérieur. La surface de la fenêtre est très claire, mais le comptoir éclairé l'est encore davantage.

À ce stade, il est très important de cligner des yeux pour comparer les surfaces entre elles et en déterminer la couleur et la valeur. Il ne suffit pas par exemple de regarder le mur couvert d'étiquettes tout seul, il faut le comparer à la fenêtre.

3. Revenant à son tableau, Charles Reid a l'impression que l'obscurité envahit sa composition. C'est souvent au retour d'une promenade qu'on apprécie le plus justement son travail.

Il est important de se rendre compte que ce sont les ombres qui mettent en valeur les parties éclairées. Dans ce cas, Charles Reid rend la fenêtre et le plan de travail plus clairs. Ces surfaces claires suffisent à donner l'impression d'un tableau «éclairé». (Prenez garde cependant que trop de lumière n'affaiblisse votre composition et la fasse paraître délavée.)

Pour terminer, Charles Reid se contente de préciser certaines arêtes, surtout sur les objets en pleine lumière. Vous remarquerez le traitement flou des étiquettes sous le placard de haut: le peintre voulait donner l'impression d'un mur plutôt que d'une collection d'étiquettes. Évitez les arêtes trop vives, trop précises. Essayez de percevoir une image floue du mur (clignez des yeux) et de le peindre en gardant un oeil sur les fleurs toutes proches.

Bouquet mixte

1. Charles Reid place ce magnifique bouquet, composé de plusieurs petites fleurs de couleurs et de formes variées, près d'une fenêtre, pour que l'éclairage à contre-jour simplifie les couleurs sombres en une masse. Les fleurs étaient tellement jolies qu'il en fait tout naturellement un plan rapproché. Étant donné leur complexité, il décide de ne rien ajouter.

La composition est très simple. Charles Reid peint les masses assez sombres du vase et du rebord de la fenêtre de couleurs et de valeurs semblables. En clignant des yeux, il détermine la grande masse sombre qui constitue la plus grande partie du bouquet et laisse les détails pour plus tard.

2. L'arrière-plan extérieur a beaucoup d'importance. Le peintre veut le relier aux fleurs. Mais quelle valeur doit-il donner aux arbres? En regardant par la fenêtre, ces derniers semblent plutôt foncés, mais par rapport au bouquet, la fenêtre paraît claire. La solution au problème réside dans la composition. Il s'agit d'ajuster les valeurs des fleurs et de l'arrière-plan pour équilibrer la composition. À un certain moment, l'artiste a songé à rendre les arbres plus foncés. Charles Reid relie les fleurs blanches au sommet du bouquet et le rideau en leur donnant la même valeur. Le vase et le mur à gauche ont également la même valeur. L'appui de la fenêtre est prolongé jusqu'aux arbres.

3. En achevant son tableau, Charles Reid modifie plusieurs coloris. Le rebord de la fenêtre lui semblant trop foncé, il l'éclaircit un peu pour rendre le tableau plus lumineux. Puis il ajoute de petits bourgeons, mais avec prudence. Un ou deux bourgeons, c'est joli, mais il ne faut pas se laisser aller à multiplier ces petites taches de couleurs. Cependant, si on en maîtrise bien la valeur (évitez les couleurs trop pâles), on peut en ajouter autant qu'on le désire. Charles Reid estime que la masse sombre du bouquet est importante et en rend bien le foisonnement. Aussi s'est-il abstenu d'y introduire trop de points lumineux.

LES OBJETS FABRIQUÉS

L'habileté à rendre avec précision le caractère et la texture des objets fabriqués par l'homme est la qualité essentielle du peintre de natures mortes.

On vous apprend ici à peindre une grande variété de sujets: paniers, lanternes, seaux, bouteilles en plastique, sacs en papier, verre, argent, porcelaine, tissus et chandelles.

Et encore une fois, une impressionnante équipe de professeurs, Georg Shook, Joseph Dawley et Arthur Stern, vous prodiguent leurs conseils.

Les paniers

1. Pour cette aquarelle d'un panier tressé, Georg Shook commence avec un dessin très détaillé à la mine de plomb. Il utilise une mine tendre dont il restera un tracé délicat mais distinct, une fois le lavis appliqué. Le peintre applique un lavis d'ocre jaune et de terre de Sienne naturelle sur le panier à l'aide d'un pinceau en biseau en poils de martre de 19 mm. Pour plus de texture, il éponge la surface avec un papier absorbant humide. S'étant assuré que le pigment est assez dilué pour laisser transparaître le dessin, Georg Shook ajoute les ombres à l'intérieur et sous le panier avec un mélange de brun Van Dyck et de bleu de Prusse. Il donne une teinte plus froide aux ombres à l'intérieur du panier en appliquant un deuxième lavis du même mélange, additionné d'un peu de bleu de Prusse.

2. Le peintre accentue le bord, les poignées et les tresses du panier avec un mélange très concentré de brun Van Dyck et de bleu de Prusse appliqué à l'aide d'un pinceau pointu en poils de martre rouge. Puis il nettoie son pinceau et l'utilise pour éclaircir certaines parties du panier avec de l'eau qu'il éponge ensuite avec un papier absorbant sec. Il éclabousse de fines gouttelettes d'eau sur le panier et en éponge la couleur pour donner une impression d'usure.

3. Georg Shook ajoute maintenant les derniers détails des tresses du panier avec un mélange de brun Van Dyck et de bleu de Prusse appliqué à l'aide d'un pinceau pointu en poils de martre. Il étale ensuite un riche mélange des mêmes couleurs pour accentuer l'ombre sous le panier. Une fois le papier sec, il l'éclabousse de gouttelettes d'eau qu'il éponge comme dans l'étape précédente.

1. Avec un crayon à mine tendre 2B, Georg Shook fait un dessin détaillé d'un panier à pommes et utilise un pinceau en biseau de 19 mm pour appliquer un lavis légèrement dilué de vert olive sur l'herbe qui l'entoure. Avec le même pinceau, il étale un peu de terre de Sienne brûlée ici et là sur le vert olive pour lui donner un peu de chaleur. Sans laisser sécher, il mélange les couleurs à petits coups verticaux au moyen d'une brosse en soie de porc. Puis, dans le but de créer des textures intéressantes, il presse un papier absorbant à peine humide sur la surface mouillée. Georg Shook préfère utiliser un papier absorbant ordinaire dont la texture s'imprime sur le papier.

2. Une fois la peinture sèche, il répète la même opération plusieurs fois pour faire varier les textures. Comme la première fois, il essore le plus possible son papier absorbant et l'étend sur la surface peinte. Pour obtenir un bon contact, il appuie fortement sur le papier avec la main puis, l'enlève. Si le résultat ne le satisfait pas, il peut répéter l'opération jusqu'à ce qu'il obtienne les textures désirées.

3. Georg Shook applique maintenant un léger lavis de gris de Davy et de terre de Sienne brûlée sur tout le panier avec un pinceau en biseau de 6 mm. La texture est obtenue en épongeant le lavis encore frais avec un papier absorbant humide. Ensuite, il utilise le même pinceau pour peindre les ceintures de bois du panier. Il fait varier son mélange, ajoutant de la terre de Sienne brûlée pour l'une, du gris de Davy pour la suivante et un peu de bleu Winsor pour la troisième. Après chaque coup de pinceau, il éponge avec un papier absorbant humide. Il ajoute enfin l'ombre dans le panier et l'ombre portée, à droite, avec un mélange de bleu de Prusse et de brun de Van Dyke qu'il éponge encore une fois pour en rendre la texture.

Lanterne, clôture et baril

1. Georg Shook fait un dessin détaillé de la lanterne avec un crayon à mine molle et applique un lavis de terre de Sienne brûlée sur les parties métalliques avec un pinceau pointu en poils de martre. Il obtient la texture en épongeant avec un papier absorbant sec. Une fois ce lavis sec, il ajoute les détails de la lanterne avec un pinceau sec. Pour donner un aspect rouillé à la lanterne, il trempe son pinceau dans un mélange très dilué de brun Van Dyck et bleu de Prusse qu'il essuie partiellement avec un papier absorbant et l'étale sur la couche de fond terre de Sienne brûlée. Avec le même mélange, mais moins dilué cette fois, il peint l'ombre sur le côté droit de la lanterne.

2. À l'aide de son pinceau en biseau de 19 mm, le peintre applique un lavis dégradé de bleu Winsor et de brun Van Dyck sur le verre de la lanterne pour lui donner de la profondeur et souligner son contour. Il accentue les contours de la lanterne avec le pinceau en biseau trempé dans l'eau claire, épongeant des rehauts dans le verre et sur les côtés et la base de métal. Le peintre utilise ensuite un mélange de bleu de Prusse et de brun Van Dyck pour les anses, les fils et les vis de la lanterne. Avec un mélange très foncé des mêmes couleurs, il peint les ombres sous la lanterne et sous les vis.

3. Le peintre recouvre les meneaux de la fenêtre avec du ruban adhésif en guise de cache. Puis, utilisant un pinceau à poils raides, il mélange vert olive et terre de Sienne brûlée directement sur le papier, pour représenter l'herbe. Il mouille le ciel et y applique un lavis très dilué de bleu Winsor avec le pinceau en biseau de 19 mm. Puis, il ajoute du gris de Davy qu'il laisse s'étaler en inclinant son papier. Il peint le bois de la fenêtre à l'intérieur avec un mélange de bleu de Prusse et de brun Van Dyck qu'il allonge pour peindre les ombres portées des meneaux et de la lanterne. Il enlève le cache et peint le bois mis à découvert avec un léger lavis de gris de Davy. Pour les détails, il applique du brun Van Dyck avec un pinceau pointu en poils de martre.

1. Avec un crayon de plomb 2B, Georg Shook esquisse une clôture, un baril et une partie d'un toit effondré. Puis il protège soigneusement ces surfaces au moyen de ruban adhésif qu'il coupe pour épouser les formes arrondies du baril.

Il couvre maintenant presque toute la surface du papier avec un mélange de bleu de Prusse, de vert olive et de terre de Sienne brûlée, à l'aide d'un pinceau en biseau de 19 mm. Avec un pinceau à poils raides, il donne de nombreux coups verticaux pour rendre la texture des herbes.

2. Une fois ce lavis sec, Georg Shook enlève délicatement le cache. Il adoucit les arêtes entre les surfaces peintes et réservées, en passant un pinceau en biseau mouillé sur ces dernières pour permettre à la couleur de migrer sur le blanc.

3. Georg Shook peint ensuite la clôture et le toit effondré avec un pinceau de 13 mm et un mélange de gris de Davy et de terre de Sienne brûlée. Puis, il éponge la surface avec un papier absorbant humide. Pour le baril et la charnière de la clôture, il utilise le même pinceau et applique un mélange de terre de Sienne brûlée, de bleu Winsor et de terre de Sienne naturelle. Il ajoute enfin les ombres et les détails avec un mélange de brun Van Dyck et de bleu de Prusse, se servant du côté du pinceau pour les petits détails.

Tonneau et brouette

1. Georg Shook dessine d'abord le tonneau avec un crayon à mine tendre. Il donne sa tonalité au dessin en appliquant un lavis de fond en terre de Sienne brûlée avec un pinceau en biseau de 19 mm. D'un seul coup de pinceau, il étale un mélange foncé de brun Van Dyck et de bleu de Prusse sur les deux côtés du tonneau avec un pinceau en poils de martre rouge. Puis, il suggère le volume au moyen d'un trait vertical avec un pinceau trempé dans l'eau claire sur les parties foncées de chaque côté. Chaque coup de pinceau se superpose au précédent pour diluer et éclaircir la couleur. La forme arrondie du tonneau est accentuée en épongeant la couleur avec un pinceau de 19 mm trempé dans l'eau claire et un papier absorbant.

2. Georg Shook souligne les cerceaux et les douves du tonneau avec un mélange de brun Van Dyck et bleu de Prusse qu'il applique avec un pinceau pointu en poils de martre. Pour rendre le bord supérieur des cerceaux, il dilue la couleur avec un pinceau mouillé et termine en épongeant la surface avec un papier absorbant sec.

3. Il applique maintenant un lavis de terre de Sienne brûlée et de bleu de Prusse sur la plate-forme de bois. Pour plus de chaleur et de variété, il ajoute des touches de terre de Sienne brûlée très diluée sur certaines planches de la plateforme. Le peintre rend les détails et les ombres autour de la plate-forme avec un mélange de bleu de Prusse et de brun Van Dyck appliqué avec un pinceau en biseau de 19 mm. Les briques au premier plan sont peintes individuellement en terre de Sienne brûlée additionnée, ici et là, de bleu de Prusse pour en changer la tonalité. Un très léger lavis de bleu de Prusse et de brun Van Dyck complète le premier plan.

1. Une brouette que le peintre dessine au crayon 2B sert de centre d'intérêt à ce tableau. Avec un pinceau en biseau de 19 mm, il applique sur le fond, une couche de vert olive à grand coups inégaux. Sur sa palette, il dilue du vert olive et de la terre de Sienne brûlée avec un peu d'eau. À l'aide d'une petite éponge, il applique un peu de chacune des couleurs sur la surface au-dessus de la brouette. La forme et la texture de l'éponge créent une impression réaliste de feuillage. Il éponge sélectivement de manière qu'un peu du lavis du fond reste visible pour créer un effet de profondeur.

2. Georg Shook ajoute des ombres dans le feuillage au moyen d'une éponge trempée dans un mélange de bleu de Prusse et de brun Van Dyck. Une éponge est facile à maîtriser. Elle peut servir à foncer les couleurs ou, mouillée à l'eau claire, à les éclaircir.

3. Le peintre fait varier l'intensité de la haie en épongeant des surfaces choisies pour en retirer un peu de couleur. Il emploie ensuite un pinceau pointu en poils de martre pour appliquer un mélange de bleu Winsor et de brun Van Dyck sur la brouette. L'herbe du premier et du second plans est rendue en mélangeant vert olive et terre de Sienne brûlée directement sur le papier, avec un pinceau à poils raides. Georg Shook termine le tableau en ajoutant les détails et les ombres autour de la brouette avec du bleu de Prusse et du brun Van Dyck. Il emploie un pinceau pointu en poils de martre pour les détails et un pinceau en biseau de 19 mm pour l'ombre.

Seau et fenêtre

1. Georg Shook utilise un crayon 2B pour dessiner en détail le seau et la clôture. Puis il applique un premier lavis de terre de Sienne brûlée sur toute la surface du seau avec un pinceau en biseau de 19 mm. Une fois le lavis sec, il mélange du bleu de Prusse et du brun Van Dyck pour les ombres et les détails. Avec un pinceau en biseau, il peint l'ombre sur le côté droit du seau et ajoute les détails de l'anse avec un pinceau pointu.

2. À ce stade, Georg Shook éclabousse un mélange de bleu de Prusse et de brun Van Dyck sur le seau à l'aide d'une brosse à dents sur laquelle il passe le pouce. La taille des gouttelettes de peinture dépend de la distance entre la brosse à dents et le papier; dans ce cas, elle était tenue assez proche. On peut utiliser n'importe quelle brosse à poils raides, mais Georg Shook préfère utiliser une brosse à dents parce qu'elle permet de mieux contrôler la direction des gouttelettes. Les surfaces autour de l'objet peuvent être protégées avec du papier absorbant.

3. Le peintre termine le tableau en appliquant sur l'herbe un mélange de vert olive et de terre de Sienne brûlée. Pour plus de texture, il éponge la surface avec un papier absorbant humide. Puis, avec un pinceau en biseau de 19 mm, il applique sur la clôture un lavis gris de Davy, additionné de terre de Sienne brûlée. Les ombres sous le seau sont peintes avec un mélange de bleu Winsor et de brun Van Dyck. Finalement, il ajoute quelques clous rouillés avec un pinceau pointu en poils de martre trempé dans la terre de Sienne brûlée pure.

1. Pour donner un aspect vieilli ou usé à une surface de bois ou de métal, Georg Shook emploie une technique qui consiste à asperger la surface peinte de gouttelettes d'eau qu'il éponge ensuite avec un papier absorbant sec pour retirer un peu de couleur. Georg Shook utilise cette technique dans ce tableau d'une vieille fenêtre. Il fait d'abord un dessin détaillé à l'aide d'un crayon 2B puis, avec un pinceau en biseau de 19 mm, il applique un lavis de fond très dilué de gris de Davy sur le mur. Les planches sont peintes d'un seul trait, en terre de Sienne brûlée, bleu Winsor et gris de Davy, mélangés dans des proportions variables pour produire un effet plus réaliste.

Il utilise maintenant un mélange de brun Van Dyck et de bleu de Prusse pour peindre l'ombre sous chaque planche et créer ainsi l'aspect de bardeaux.

2. Le peintre «vieillit» le bois en trempant une brosse à dents dans l'eau claire et en aspergeant délicatement la surface de gouttelettes qu'il éponge aussitôt avec un papier absorbant sec. Puis il accentue de nouveau les zones d'ombres sous les planches. Bien que les gouttelettes soient toujours visibles, il fallait retoucher les zones d'ombres pour leur donner plus de réalisme. Une ombre se projette toujours sur une surface et doit être continue.

3. Georg Shook peint enfin la fenêtre. Avec un pinceau en biseau de 6 mm, il applique sur son châssis un lavis gris de Davy et terre de Sienne brûlée qu'il éponge avec un papier humide. Il étale un très léger lavis de bleu Winsor sur les vitres avec un pinceau en biseau de 19 mm et laisse sécher. Puis, avec le même pinceau, il superpose un lavis de gris de Davy. Pour terminer, il applique en tournant, une légère pression de la paume de la main sur le lavis encore humide pour mêler les couleurs.

Bouteille en matière plastique translucide

Première étape. Voici la façon dont Arthur Stern aide ses élèves à résoudre les problèmes que posent les objets translucides. Ces derniers doivent peindre une bouteille de plastique incolore et translucide, comme celles qui servent à contenir les jus de fruits. On enlève d'abord l'étiquette et on rince la bouteille. Puis, on y met un demi-litre d'eau avant de replacer la capsule. L'angle d'une boîte sert de décor: le côté gauche est tapissé de vert, le droit de bleu et le plancher de rouge. La bouteille est placée dans l'angle où les deux côtés se rencontrent, sa poignée étant tournée vers le fond et invisible. Si la bouteille est carrée, l'un de ses coins doit être dirigé vers vous. Le milieu de la bouteille doit être à la hauteur des yeux. Placez une lampe à gauche devant la boîte de manière que la bouteille projette une ombre appréciable sur le plancher et le côté droit.

Travaillez sur une feuille entière de papier toilé, tenue verticalement et utilisez un viseur ¾. (Pour fabriquer un viseur, voir p. 21.) Oubliez maintenant que la bouteille est translucide et peignez-la à l'huile comme vous le feriez de n'importe quel objet opaque. Étudiez et identifiez les couleurs de la bouteille et du fond à l'aide d'un cache à couleur. Vous devriez identifier environ onze couleurs sur la bouteille et le fond: deux sur les côtés de la boîte, une sur le plancher, deux sur la capsule, deux sur la partie vide de la bouteille, deux sur la partie remplie d'eau et deux sur l'ombre portée sur le côté et le plancher.

Observations. Si vous réussissez à mélanger les couleurs de la bouteille avec exactitude, elles rendront sans doute un peu de la mystérieuse opalescence que vous ne pensiez pouvoir capter. Vous aurez peut-être de la difficulté à percevoir deux couleurs dans la partie inférieure de la bouteille où se trouve l'eau. Peu importe. Si vous n'en voyez qu'une, n'en peignez qu'une. Ne suivez pas ces instructions à la lettre en inventant des taches de couleurs parce qu'on vous le demande. Gardez l'esprit critique. Peignez les couleurs que vous percevez: vos observations peuvent être différentes des suggestions d'Arthur Stern ou du travail illustré ici. Remarquez que l'ombre portée sur le côté est plus basse que la bouteille en raison de la source d'éclairage placée plus haut.

Deuxième étape. Vous découvrirez sans doute que chaque surface peut être subdivisée en trois ou quatre taches de couleur (Cependant, ce n'est pas toujours le cas, car certaines surfaces sont plus simples que d'autres.) Observez de nouveau la bouteille et le décor pour trouver les combinaisons de couleurs de cette deuxième étape. Au lieu des onze couleurs du début, vous en trouverez peut-être jusqu'à trente ou quarante. Leur nombre précis dépend de vous.

Troisième étape. Après cette deuxième étape, l'ensemble peut paraître incohérent. Certaines taches de couleur semblent trop en évidence et d'autres, tout simplement fausses. Le contraste entre les couleurs peut paraître exagéré et doit être atténué par des couleurs de transition. Une troisième étape est donc nécessaire pour corriger et unifier l'ensemble. Examinez d'abord votre deuxième étape pour déterminer ce qui ne va pas. Vérifiez la teinte, la couleur et la valeur de chaque tache suspecte de même que sa taille, sa forme et sa position par rapport à celles qui vous semblent exactes. Faites les corrections qui s'imposent en repeignant toute la surface. Avec le cache à couleur, cherchez à percevoir les couleurs de transition. Observez plus attentivement les surfaces *entre* les taches de couleurs de votre deuxième étape. Déterminez quels sont les contrastes trop prononcés et ajoutez des couleurs intermédiaires pour donner plus de réalisme à votre composition. Ces couleurs de transition ne sont pas obtenues en mélangeant les deux couleurs avoisinantes. C'est une nouvelle couleur que vous percevez pour la première fois.

Cette troisième étape confirmera qu'un objet translucide n'est pas plus difficile à peindre qu'un objet opaque si seulement vous observez et peignez ses couleurs telles que vous les voyez. Fort de votre expérience, il vous sera maintenant facile de peindre d'autres objets translucides supposés difficiles.

Projet supplémentaire. Vous pouvez reprendre votre composition en remplaçant l'eau par un liquide coloré comme du thé, du cidre ou du jus de fruit. Changez les couleurs des côtés et du plancher de la boîte. Conservez le même éclairage et peignez les trois mêmes étapes avec de nouvelles couleurs.

Un sac de papier

La mise en place. Contrairement à la bouteille de l'exemple précédent, un sac de papier est opaque. Cependant, un éclairage approprié peut le rendre partiellement translucide. Le contraste qui en résulte est un plaisir pour l'oeil. Arthur Stern recommande d'utiliser un simple sac de papier brun un peu froissé, pour présenter des plis intéressants. Le côté gauche de la boîte est tapissé de vert, le côté droit de rouge, et le plancher de bleu. Mettez un objet assez lourd, comme un livre de poche, dans le sac pour qu'il se tienne bien droit. Posez-le ensuite au milieu de la boîte. Placez une lampe devant et un peu à gauche du sac pour que la lumière traverse le sac et crée un effet translucide de même qu'une ombre appréciable sur le plancher et le côté droit. Le sac doit être juste assez bas pour que vous voyiez un peu l'intérieur. L'angle de la boîte doit être directement devant vous, pour voir les deux côtés également. Assurez-vous que la boîte est assez basse pour que vous voyiez une bonne partie du plancher.

Première étape. Arthur Stern recommande d'employer une feuille entière de papier toilé, tenue verticalement. Utilisez un viseur ¾ pour encadrer votre composition en mettant le sac au centre. Votre but est d'établir la solidité de l'objet sans vous préoccuper de rendre l'aspect d'un sac de papier. Ce dernier a l'apparence d'un bloc: il faut donc avant tout peindre ses différents plans, de même que ceux de la boîte. Faites attention à la forme des ombres. Dans sa première étape, l'élève Richard Gleason, résume ce qu'il voit en dix taches de couleurs: trois pour les parties éclairées des côtés et du plancher, une pour la partie ombragée du mur de gauche, quatre pour les surfaces du sac et deux pour les ombres sur le plancher et le côté.

Le sac n'a peut-être pas encore l'aspect d'un sac, mais il aura de la consistance si vous placez les taches de couleurs aux bons endroits. Il donnera l'impression d'occuper l'espace, comme tout autre objet solide. Remarquez que dans la première étape, l'élève voit non seulement l'ombre projetée sur le plancher et sur le mur de droite, mais aussi une grande tache sombre sur le côté gauche. Le sac n'est pas un simple arrangement de deux plans, l'un devant et l'autre sur le côté. Les plis du sac brisent le devant et le côté en deux plans distincts qui deviendront quatre grandes taches de couleur.

Deuxième étape. Étudiez maintenant les plis du sac de papier pour découvrir de nouvelles taches de couleurs. Mais ne vous dites pas consciemment: «Le sac est plié ici, il doit donc y avoir une autre couleur.» Oubliez que vous êtes en train de peindre un sac de papier, mais considérez plutôt les taches de couleurs comme des surfaces qui doivent être rendues avec justesse. Si vous choisissez bien les teintes, la luminosité, l'intensité, la taille et la forme de chaque tache de couleur, elles formeront un tout qui rend bien une série de plis. En multipliant vos taches de couleurs, vous vous rendrez compte qu'un sac de papier apparemment brun peut être rendu au moyen de n'importe quelle couleur qui ressemble vaguement au brun. Quand vous choisissez, mélangez et agencez chaque tache de couleur, vous constatez que le mot «brun» n'a pas sa place ici. Chacun de vos mélanges finit par être une nuance particulière d'une teinte spécifique. Le sac n'a toujours pas l'aspect d'un sac, mais sa forme se précise. Entre temps, en peignant chaque tache de couleur par aplats vous donnez de la consistance à votre sac et créez une perception de l'espace dans la boîte.

Projet supplémentaire. Peignez maintenant un sac de papier blanc et changez les couleurs des côtés et du plancher de votre boîte. Faites les trois étapes du projet. Quand vous aurez terminé de peindre le sac blanc, peignez une bande colorée tout autour à mi-hauteur et recommencez.

Troisième étape. À ce stade, le sac doit être rendu avec plus de réalisme. Mais vous devez résister à la tentation de dire: «Je vais maintenant rendre le sac plus réaliste en y ajoutant tous ses jolis plis.» Quand vous ajoutez une nouvelle tache de couleur, tout en créant des couleurs de transition et en corrigeant l'ensemble, concentrez-vous sur cette seule tache de couleur. Par exemple, quand vous arrivez aux formes complexes du bas du sac, peignez les rectangles et les polygones inégaux que vous voyez, et ils deviendront d'eux-mêmes les plis que vous recherchez. De même, quand vous ajoutez les taches lumineuses dans le haut du sac, ne pensez pas que vous essayez de reproduire l'effet translucide de la lumière qui traverse le papier. Ce sont les taches de couleurs elles-mêmes qui rendent cet effet.

Le sac de papier est en train de devenir un sujet beaucoup plus compliqué que vous ne l'auriez cru quand vous avez commencé à le peindre. Examinez maintenant la troisième étape et posez-vous quelques questions. Le sac a-t-il l'air d'un objet solide et l'espace de la boîte qui l'entoure est-il convaincant? Le sac et la boîte donnent-ils l'impression de former un tout et de se soutenir mutuellement comme ils le font dans la réalité? Le jeu des surfaces translucides et opaques est-il aussi évident que dans l'original? Vos transitions sont-elles assez douces et réalistes? En d'autres mots, les taches de couleurs semblent-elles faire partie de l'ensemble ou ressortent-elles trop ou trop peu? Si vous répondez oui à toutes ces questions, je vous félicite. Si non, essayez encore une fois.

Le verre

1. Pour bien peindre le verre, il faut le dessiner avec précision et en rendre la transparence. Pour obtenir toutes les nuances et les fondus désirés, Joseph Dawley conseille d'utiliser des huiles diluées. Une peinture trop épaisse ne vous permettra pas de représenter toute la transparence du verre. Joseph Dawley peint ce verre sur un fond à la fois sombre et clair pour bien montrer comment rendre le verre sur n'importe quelle sorte de fond.

Le premier souci du peintre était de saisir la forme et les proportions du verre avec exactitude. Il laisse la partie inférieure de la toile vierge, pour le moment, et peint le fond foncé avec de l'ombre naturelle diluée à de l'essence de térébenthine. Il utilise ensuite du blanc de titane pour dessiner les contours supérieurs du verre. Joseph Dawley prépare un blanc plus épais pour indiquer les reflets et les rehauts les plus importants, tels ceux sur le bord et dans la coupe. Il dessine ensuite la partie inférieure du verre avec un mélange dilué de blanc et d'ombre naturelle. Il indique de nouveau les reflets les plus importants avec une peinture plus épaisse.

2. Le peintre remplit les différentes surfaces du tableau avec les valeurs approximatives de sa composition, évitant les contours. Il utilise du blanc pour la table et le grand reflet au fond de la coupe. Parce qu'il peignait sur le fond d'ombre naturelle, ce reflet n'est pas vraiment blanc. Il peint le pied et la base du verre en blanc cassé pour que les touches finales de blanc pur brillent par contraste. Il utilise le ton le plus clair pour les surfaces éclairées de la base. Pour les parties plus foncées du pied et de la base, il fonce sa couleur avec de l'ombre naturelle. Pour les taches les plus claires, il utilise du blanc qu'il applique à l'aide d'un pinceau à aquarelle n° 2. Pour plus de précision, Joseph Dawley emploie un pinceau fin pour rendre les petits changements de valeurs, subtils mais importants.

3. Joseph Dawley ajoute de l'outremer et de l'ocre jaune à sa palette. Il applique une dernière couche d'ombre naturelle sur le fond, accentuant ainsi les contours du bord et des côtés de la coupe. Le fond de la coupe, le pied et la base du verre présentent un arrangement complexe de reflets pour lesquels il utilise ses tons monochromes clair et moyen, de même qu'un mélange d'ombre naturelle et d'outremer. Il dessine le contour de la base avec un mélange d'ocre jaune et d'ombre naturelle. Puis il peint l'ombre très douce à gauche du verre, avec son mélange le plus clair d'ombre naturelle et de blanc, en le fondant délicatement dans le blanc.

4. Le peintre ajoute maintenant du jaune de cobalt (auréoline) qu'il mélange à l'ocre jaune pour les reflets les plus chauds. Il rend l'effet du verre en mélangeant les tons qu'il avait déjà appliqués au fond de la coupe, sur le pied et la base. Pour rendre la transparence de la partie supérieure du verre contre le fond foncé, Joseph Dawley utilise un pinceau en poils de martre pour mêler légèrement le bord blanc et les rehauts dans l'ombre naturelle déjà appliquée à l'intérieur de la coupe. Remarquez qu'un peu plus de blanc est visible à l'avant qu'à l'arrière de la coupe à cause de la double épaisseur du verre. Le peintre est maintenant prêt à ajouter les touches brillantes des rehauts et des reflets. Ils sont en forme de points ou de bandes, comme la bande jaune sur le côté gauche de la coupe et les points de couleur au fond de la coupe. Après avoir changé la couleur sous le verre pour un gris bleuté, il mélange de l'ombre naturelle et de l'outremer pour l'ombre autour du pied et l'ombre portée à sa gauche.

L'argent

1. Pour peindre cette cafetière d'argent, Joseph Dawley commence en utilisant une palette monochrome composée de blanc, d'ombre naturelle et de bleu de phtalo, mélangés en proportions variables, pour donner trois tons de bleu argenté d'intensités différentes. Il dessine la forme générale de la cafetière et esquisse la forme et la valeur des reflets par de larges traits imprécis. Il applique les tons les plus clairs et les plus foncés sur la cafetière et rend les motifs du haut et de la base du contenant. À mesure que les valeurs des différentes teintes sont ajoutées, le dessin de base se précise. Le peintre ajoute maintenant de l'ocre jaune, du blanc d'apprêt, de la terre de Sienne brûlée et un peu plus de bleu de phtalo à sa palette. Joseph Dawley prépare ensuite un mélange d'ocre jaune, de bleu et de terre de Sienne brûlée qu'il dilue avec de l'essence de térébenthine pour rendre l'arrière-plan et ses reflets sur la cafetière, y ajoutant du blanc pour le refroidir. Pour les reflets rougeâtres sur l'anse et le flanc gauche, il mélange de l'ocre jaune, du blanc, de la terre de Sienne brûlée et une pointe de bleu de phtalo. Ajoutant plus de bleu à son mélange monochrome clair, il peint des surfaces sur le côté droit, le couvercle et la base de la cafetière. Les tons les plus foncés sont un mélange froid presque noir, composé de bleu de phtalo et de terre de Sienne brûlée. Il atténue toutes les autres surfaces blanches en ajoutant de petites quantités de terre de Sienne brûlée et de bleu de phtalo qui donnent un teinte bleu gris.

2. À ce stade, il importe de placer les couleurs exactes aux bons endroits afin de préciser la forme de la cafetière et permettre à l'artiste de fondre ses couleurs avec exactitude. Pour les reflets sur le couvercle, l'anse et le flan gauche, il ajoute du bleu au ton clair du début. Le bleu est la couleur dominante des reflets. Pour les reflets rougeâtres, comme celui sous l'anse, il utilise de la terre de Sienne brûlée sans la mélanger, et obtient ainsi plus d'intensité. Pour la partie la plus foncée de la cafetière, à droite, et les ombres du bas, le peintre utilise un mélange de bleu de phtalo et de la terre de Sienne brûlée. Il n'utilise le blanc d'apprêt que pour les motifs gravés. Après être resté pendant une demi-heure sur sa palette, le blanc est juste assez collant. Il l'applique, en faisant tournoyer un pinceau à aquarelle n° 2, là où il veut représenter le motif, produisant de petits coups soulevés. Le blanc de titane est utilisé pour les rehauts brillants comme ceux de l'anse.

La porcelaine

1. Joseph Dawley commence ce tableau d'une tasse et d'une soucoupe de porcelaine en dessinant leur forme de base avec un mélange dilué de blanc de titane et d'un peu d'ombre naturelle. Il voulait les rendre avec exactitude avant d'ajouter les différents tons. La surface blanche sur laquelle il travaille étant utilisée pour rendre la partie la plus blanche de la tasse, le peintre se contente alors d'indiquer la partie ombragée de l'intérieur de la tasse, à gauche. Il utilise le même mélange d'un ton plus foncé pour l'extérieur sombre de la tasse, et applique ensuite un trait blanc sur la soucoupe pour montrer la réflexion de la base de la tasse qu'il couvre avec le mélange du début dilué à l'essence de térébenthine. Pour les parties sombres de la soucoupe, il utilise le ton moyen puis, il retourne au ton clair pour la partie éclairée, au centre à droite. Enfin, il entoure la tasse et la soucoupe de ce même mélange.

2. Joseph Dawley peint l'intérieur et la base de la tasse, de même que l'anse, avec des mélanges de blanc et d'ombre naturelle. Il ajoute un ton clair sur la partie ombragée de gauche et le dégrade vers le centre. Pour peindre l'extérieur de la tasse et de la soucoupe, il utilise maintenant le ton moyen qu'il applique plus densément sur le côté gauche en le dégradant vers le centre. Il utilise un mélange plus foncé pour l'ombre à droite de la tasse et pour la grande ombre portée. Pour le reflet entre cette ombre et l'anse, il applique un trait du ton clair. Il remarque aussi une ombre à l'avant, sous la soucoupe et à la base de la tasse et les peint avec le ton le plus foncé. Le fond correspond au ton le plus clair dilué avec de l'essence de térébenthine.

3. Le peintre ajoute maintenant de l'outremer, du jaune de cobalt et de l'ocre jaune à sa palette. Il prépare deux mélanges d'ombre naturelle, d'outremer, de jaune de cobalt, d'ocre jaune et de blanc dans des proportions différentes pour obtenir les deux tons verdâtres, l'un clair et l'autre plus foncé, qui serviront à représenter la couleur de la porcelaine. Il précise la couleur de l'intérieur, de la base et de l'anse de la tasse en atténuant suffisamment le blanc pour qu'il soit possible d'y ajouter par la suite des rehauts plus clairs. Avec le ton moyen, il peint les ombres à l'intérieur de la tasse à gauche, à l'extrême droite de la base, et l'ombre portée sur le côté gauche de l'anse. Puis il peint l'extérieur de la tasse et la soucoupe avec le vert pâle, utilisant le mélange plus foncé pour les ombres. L'ombre sous la base de la tasse est un mélange d'outremer et d'ombre naturelle. Les bandes dorées, peintes en ombre naturelle et ocre jaune sont rehaussées d'un mélange d'ocre jaune et de blanc. Puis il retouche ces rehauts avec un filet de jaune pur.

4. Joseph Dawley adoucit et mélange les couleurs déjà appliquées. Il ajouto certaines variations là où elles sont nécessaires, comme sur les rehauts blancs au centre de la soucoupe, sur l'extérieur de la tasse et sur la soucoupe. Il utilise un mélange d'ombre naturelle et d'outremer sur les parties dans l'ombre. L'ombre à droite, sous la soucoupe, est peinte en ombre naturelle. Les rehauts, sur l'anse et sur toutes les autres parties claires, sont peints en blanc. Pour les rehauts dans les ombres, le peintre utilise le mélange moyen de blanc et d'ombre naturelle. Il mélange du jaune de cobalt et du blanc pour obtenir le jaune moyen de la bordure dorée et, à plusieurs endroits, il utilise du jaune de cobalt pur et du blanc pour les rehauts. La partie supérieure du fond est peinte avec un mélange d'ombre naturelle et de blanc et la grande ombre à droite de la tasse y est délicatement fondue.

Les tissus brillants

1. La première étape pour peindre les plis droits ou brisés d'un morceau de taffetas rouge brillant consiste à préparer une palette de tons monochromes. Ces derniers sont obtenus en mélangeant du blanc, du rouge de Venise et de l'ocre jaune. Au début, Joseph Dawley ne prépare que des tons doux, ce qui lui permettra d'augmenter la densité du rouge et de rendre ses couleurs plus éclatantes par la suite. Une fois l'intensité maximale de la couleur atteinte, il n'est plus possible d'obtenir une teinte plus éclatante. Le peintre dessine le contour du tissu et le peint avec le ton le plus clair. Avec le ton moyen, il indique les ombres les plus grandes et les plus apparentes.

2. Puis le peintre complète les zones d'ombre, précisant leur relief et indiquant les rehauts les plus importants. Il continue d'utiliser le ton moyen pour les autres ombres. Les plis profonds du tissu créent des surfaces d'ombres particulièrement sombres qu'il définit avec le ton le plus foncé. Cette profondeur est visible dans les plis verticaux, de chaque côté du tissu. Le ton le plus foncé n'est utilisé que pour quelques rares surfaces. Joseph Dawley choisit les rehauts les plus importants, surtout le long de la partie supérieure des plis, et les peint avec un mélange de blanc et du ton le plus clair. Il mélange ses couleurs à certains endroits, mais préfère laisser les différents tons séparés pour le moment.

3. Le peintre ajoute maintenant du rouge de cadmium pâle, du rouge de cadmium foncé et de l'ombre naturelle à sa palette. Puis, il mélange d'égales quantités des deux rouges de cadmium, additionnées d'une pointe d'ocre jaune pour obtenir le rouge de base qu'il désire. Pour équilibrer sa composition, il décide d'ajouter un autre pli à l'extrême gauche du tissu. Il continue d'appliquer son rouge de base sur toute la surface du morceau de taffetas. Les couleurs de fond s'y mélangent automatiquement tout en maintenant l'impression des zones claires et foncées du début. Pour les ombres, Joseph Dawley utilise un mélange de rouge de cadmium foncé et d'ombre naturelle. Là où les ombres sont particulièrement foncées, il étale de l'ombre naturelle. Dans de rares cas, il applique l'ombre naturelle sans la mélanger. Les parties les plus éclairées sont peintes avec du blanc et les rehauts moins brillants avec un mélange de blanc et de rouge de cadmium pâle.

4. À ce stade, le travail de base est terminé et le peintre n'a plus qu'à bien fondre ses couleurs pour les adoucir. L'ombre naturelle atténue le rouge et permet à Joseph Dawley de mêler les rouges de cadmium là où il veut ajouter un peu d'éclat. Les rehauts les plus brillants sont soulignés de blanc une fois le tissu terminé.

Une bougie allumée

1. Joseph Dawley commence cette étude d'une bougie allumée avec des tons monochromes composés de blanc, d'ombre naturelle et d'ocre jaune. Le peintre dessine le contour de la flamme et le point qui représente la mèche d'un ton moyen qu'il utilise aussi pour la grande partie foncée de la bougie et le bord du bougeoir. Les parties plus pâles, à gauche et sur le dessus, sont peintes d'un ton plus clair, également utilisé pour le plateau du bougeoir, de chaque côté de la bougie.

2. Joseph Dawley peint maintenant le fond d'un ton moyen à foncé et la flamme en blanc, alors que la partie brûlée de la mèche est rendue avec le ton foncé. De part et d'autre de ce point, un trait de ton moyen crée l'impression d'un halo autour de la mèche. Il étale un peu de blanc au-dessus des parties claires, sur le côté gauche de la bougie, produisant ainsi un blanc cassé. Sur le côté droit de la bougie, il mélange un peu de ton clair sur le ton moyen déjà présent. Il rehausse de blanc le bord du plateau et emploie le ton foncé pour souligner le centre et le côté droit du bord.

3. Le peintre ajoute maintenant du jaune de cadmium, de la terre de Sienne brûlée et naturelle, de l'ocre jaune et du bleu de phtalo à sa palette. Puis il peint la table avec un mélange de terre de Sienne brûlée, d'ocre jaune et de bleu de phtalo et le fond avec de l'ombre naturelle. Il mélange délicatement du blanc dans la lueur autour de la flamme, laissant l'ombre naturelle très foncée tout autour pour souligner son éclat. Puis il étale un peu d'ombre naturelle dans le bas de la flamme, autour de la mèche, et utilise un mélange d'ombre et de terre de Sienne naturelle dans la partie centrale, au-dessus de la mèche. Enfin, il applique un mélange de jaune de cadmium et de blanc dans la partie supérieure brillante de la flamme et le mélange délicatement dans la lueur blanche.

Joseph Dawley peint la bougie en jaune de cadmium et terre de Sienne naturelle. Il utilise de l'ocre jaune et de l'ombre naturelle pour les parties les plus foncées de la bougie, et du blanc pour représenter la cire fondue. Pour le bougeoir, il mélange du jaune de cadmium et de la terre de Sienne naturelle; pour les ombres, de l'ocre jaune et de l'ombre naturelle. Les parties les plus foncées sont peintes avec de l'ombre brûlée. Puis le peintre utilise du blanc pour les rehauts les plus clairs.

4. Pour terminer la flamme, le peintre applique un mélange d'outremer et de blanc à sa base. La mèche est définie avec du noir. Il laisse la faible lueur se fondre délicatement dans le fond, mais conserve des bandes plus nettes pour rehausser l'effet dansant de la flamme. Le contour de la flamme aussi est atténué. Pour créer un effet de transparence au sommet de la flamme, Joseph Dawley rend la partie inférieure plus opaque en y ajoutant un peu plus d'ombre naturelle et de blanc. Il termine en étalant un peu d'ombre naturelle pour rendre l'ombre légère sous la cire fondue qui déborde au sommet.

Le petit monde du grenier

1. Après avoir esquissé la scène avec un crayon à mine tendre 2B, Georg Shook applique la valeur la plus foncée sur le mur, avec un mélange de bleu de Prusse et de brun Van Dyck et un pinceau en biseau de 19 mm. Puis, il applique de la terre de Sienne brûlée. Avec un pinceau en biseau de 6 mm, il peint le châssis de la fenêtre en bleu de Prusse et brun Van Dyck. Il applique ensuite un lavis dilué de bleu Winsor et de terre de Sienne brûlée sur la fenêtre, pour créer un effet diffus et translucide.

Le peintre définit maintenant la table et les boîtes de cigares avec un lavis très dilué d'ombre brûlée. Puis, utilisant le même pinceau, il applique un mélange de terre de Sienne naturelle et de terre de Sienne brûlée sur la boîte de cigares au premier plan. Il en définit ensuite le contour avec de la terre de Sienne brûlée pure sur un pinceau en biseau de 6 mm. Georg Shook peint le sac de papier avec un mélange d'ombre naturelle et de bleu Winsor, auquel il ajoute ensuite plus de bleu pour les plis et les ombres. À l'aide d'un pinceau en biseau de 19 mm, il peint les briques à l'extérieur de la fenêtre avec un mélange de bleu Winsor, de terre de Sienne brûlée et de brun Van Dyck. Il adoucit la surface du mur en y appliquant de l'eau claire avec son pinceau en biseau de 19 mm puis, il fonce le coin inférieur en y superposant un lavis bleu de Prusse.

2. Utilisant un pinceau en biseau de 12 mm, le peintre définit les détails et les ombres sur les boîtes de l'arrière-plan, le sac et la boîte du premier plan, avec un mélange de bleu de Prusse et de brun Van Dyck. Il rend ensuite l'ombre des tresses du panier sur les livres en appliquant de petites touches perpendiculaires d'un lavis dilué de bleu de Prusse et de brun Van Dyck. Puis, avec un mélange de terre de Sienne naturelle et de terre de Sienne brûlée, il peint le petit panier à gauche, à l'aide d'un pinceau en biseau de 6 mm.

3. Avec un pinceau en biseau de 19 mm, Georg Shook définit le bord de la table et les ombres sur la table en bleu de Prusse et brun Van Dyck. Il emploie le même pinceau, trempé dans l'eau claire, pour éponger des rehauts dans l'ombre sur la table. Il peint ensuite l'intérieur de la boîte de cigares du premier plan et les ombres profondes à l'extérieur avec du brun Van Dyck. Il fait de même sur le petit panier de gauche. Voulant mieux définir la boîte, le peintre rend la lumière réfléchie de la table sur le couvercle en épongeant un peu de la couleur des bords. Ayant remarqué que les briques du mur extérieur semblent trop bien définies, il les éclaircit avec une éponge trempée dans de l'eau claire. Puis il assèche la surface avec un papier. Il passe maintenant au grand panier dont il peint l'anse avec un mélange de bleu de Prusse et de brun Van Dyck avec un pinceau pointu en poils de martre. Il utilise le même mélange pour rendre les ombres sur le panier.

4. L'artiste éponge de la couleur sur le côté gauche de la table et accentue les ombres sur les bords de la table et des boîtes de l'arrière-plan. Puis il fait disparaître le petit panier en le mouillant avec un pinceau trempé dans de l'eau claire et en assèche la surface avec un papier absorbant. Il peint ensuite une boîte de conserve à sa place, en couvrant la surface d'un mélange de terre de Sienne brûlée et de bleu de Prusse. Après avoir mouillé son pinceau, il éponge les joints de la boîte. Avec un pinceau pointu en poils de martre et un mélange de terre de Sienne brûlée, de bleu de Prusse et de brun Van Dyck, il ajoute les détails du grand panier. Puis il rince son pinceau et applique du bleu céruléum sur le couvercle de la boîte au premier plan, auquel il ajoute une touche de rouge de cadmium pour donner plus de chaleur. Il éponge quelques rehauts sur les boîtes, le sac et le bord supérieur du panier avant de terminer le châssis de la fenêtre.

Fauteuils en osier

1. Georg Shook dessine son sujet en détail avec un crayon à mine tendre 2B. Puis, il applique un cache liquide sur les fauteuils là où il veut des rehauts. Sur le mur, il applique un lavis gris de Davy et terre de Sienne brûlée, à grands coups inégaux qu'il éponge avec un papier absorbant pour en rendre la texture. Il peint ensuite l'intérieur sombre avec un mélange de bleu de Prusse et de brun Van Dyck. Pour la petite fenêtre du fond, il utilise un lavis dilué de bleu Winsor qu'il applique sur le papier mouillé.

2. Le peintre ajoute maintenant de la texture au mur et y peint les ombres verticales en gris de Davy. Puis il repasse sur les ombres avec un mélange de terre de Sienne brûlée et de brun Van Dyck, le gris servant de couche de fond. Il applique maintenant un mélange plus clair de gris de Davy, de terre de Sienne brûlée et de brun Van Dyck sur le plancher, avec un pinceau en biseau de 19 mm. À gauche il ajoute un rehaut de terre de Sienne brûlée. Il peint ensuite l'ombre diagonale sous la véranda en brun Van Dyck et en bleu de Prusse.

3. Georg Shook ajoute maintenant les ombres portées, ce qui attire l'attention sur le coin où se trouvent les fauteuils. Avec un pinceau en biseau, il peint chacune des planches du mur et du plancher, certaines en gris de Davy, d'autres en terre de Sienne brûlée et d'autres encore en bleu de Prusse, pour rendre les différentes teintes du bois vieilli.

4. Le peintre enlève maintenant le cache liquide sur les fauteuils et il utilise un pinceau en biseau de 6 mm pour y appliquer un lavis de terre de Sienne brûlée et de bleu Winsor. Il utilise le même pinceau pour ajouter le détail des fauteuils en bleu Winsor, qui contraste avec la teinte chaude de terre de Sienne brûlée du plancher. Avec un pinceau en biseau de 6 mm, il ajoute des détails sur les planchers du mur et une ombre sur le fauteuil de droite, à l'aide d'un lavis bleu de Prusse et de brun Van Dyck. Ajoutant du bleu de Prusse à son mélange, il étale cette teinte plus froide sur le plancher, sous les fauteuils. Il utilise du brun Van Dyck pour ajouter des détails sur la partie ensoleillée du plancher. Il éponge ensuite la couleur du bord du plancher avec un pinceau en biseau trempé dans l'eau claire et termine en ajoutant des clous rouillés avec un pinceau pointu en poils de martre trempé dans la terre de Sienne brûlée pure.

Intérieurs ensoleillés

Chambre à louer, 76 x 51 cm, aquarelle, Georg Shook.

Un intérieur austère (ci-dessus) L'artiste a voulu créer une atmosphère triste et ajouter à la désolation de cette pièce abandonnée des boîtes vides, un drap usé et une vieille radio. Toutefois, il peint un paysage éclairé à l'extérieur pour permettre au spectateur de s'en évader. De plus, il ajoute une grande tache ensoleillée sur le plancher pour faire contraste et créer une tension libératrice. Il dessine d'abord un croquis de la scène puis, il peint les surfaces les plus foncées avec un mélange de bleu de Prusse et de brun Van Dyck. Il travaille autour des surfaces éclairées auxquelles il ajoute ici et là, des touches d'un mélange de bleu Winsor et de terre de Sienne brûlée, qu'il éclaircit avec une éponge trempée dans de l'eau claire. Pour les détails, Georg Shook utilise un mélange de terre de Sienne brûlée et d'ocre jaune sur la radio et la boîte, du bleu céruléum pour le drap qui recouvre la grosse boîte près de la fenêtre.

Une atmosphère nostalgique (page de droite) Un ami photographe attire l'attention de Georg Shook sur cette salle de classe située dans les Appalaches, au Tennessee. En la visitant, l'artiste est frappé par la beauté du soleil qui entre par la seule fenêtre et des ombres qu'il y crée.

Après avoir fait une esquisse de la scène, il peint les murs avec un mélange de bleu de Prusse et de brun Van Dyck, en réservant la surface de la fenêtre. Il utilise un mélange de terre de Sienne brûlée et de bleu de Prusse pour peindre le mur du fond et la tablette, de même que les bancs et le plancher. Après avoir peint les ombres portées avec un mélange de bleu de Prusse et de brun Van Dyck, il éponge les parties éclairées des bancs et du plancher avec un pinceau en biseau trempé dans de l'eau claire. Il peint enfin le paysage visible par la fenêtre et ajoute un ciel bleu Winsor.

L'endroit public, 51 x 76 cm, aquarelle, Georg Shook.

Treillage et drapeau

Invaincu, 76 x 51 cm, aquarelle, Georg Shook

Éclairage imaginaire et arrière-plan foncé. (ci-dessus) Pour commémorer le retrait du drapeau américain à quarante-huit étoiles au moment de l'entrée de l'Alaska et des Iles Hawaï dans l'Union en 1958, le peintre veut souligner le caractère symbolique dans ce tableau. Sur un fond neutre, il crée une scène imaginaire: un vieux drapeau, fatigué, qui a rempli son devoir, prêt à être relégué dans une boîte en bois décrépite, est drapé sur une chaise ancienne.

Georg Shook exécute d'abord un dessin détaillé, indiquant soigneusement les plis du tissu de même que la position des bandes et des étoiles. Il utilise ensuite du bleu de Prusse pour peindre le tissu autour des étoiles, y ajoutant un peu de brun Van Dyck pour les ombres. Les bandes sont peintes en rouge de cadmium; la chaise et la boîte en terre de Sienne brûlée. Quand le drapeau est complètement sec, il peint l'arrière-plan d'une couleur neutre avec un mélange de bleu de Prusse et de brun Van Dyck. Puis, pour compléter sa composition, il peint l'ombre portée sous la chaise avec le même mélange neutre.

Motif abstrait de clairs et d'ombres (page de droite) En visitant cette maison de Jackson au Tennessee, le peintre remarque la façon dont le soleil crée un motif abstrait sur le mur, la rampe et les marches menant à la véranda. La scène était si belle et attirante qu'il la dessine sur le champ et commence son tableau le jour suivant. Son croquis préliminaire simplifie la scène, mais la complexité du motif créé par les points lumineux intenses du soleil demeure un défi intéressant. Il couvre les points du motif avec du cache liquide et peint la véranda en gris de Davy. Pour obtenir la teinte rosée du vieux bois, il applique un lavis de fond très dilué de rouge de cadmium sur les murs. Après avoir ajouté des détails dans la partie ombragée, il peint une table et une chaise, ajoutant une nappe à carreaux en rouge de cadmium et bleu Winsor avec un pinceau pointu en poils de martre. Puis il applique un lavis bleu Winsor et gris de Davy sur le ciel et ajoute l'herbe et l'ombre de l'arbre dans le coin inférieur gauche. Il enlève ensuite le cache des points lumineux et y passe un pinceau mouillé pour intégrer un peu de couleur. Ceci a pour effet d'atténuer le blanc du papier tout en conservant l'intensité du motif abstrait créé par le soleil.

Treillage, 76 x 102 cm, aquarelle, Georg Shook

Index